밖에서 그려보는

통일의 꿈

_남북연합방

밖에서 그려보는

통일의 꿈

_남북연합방

(주)다트앤

책머리에

1992년 재미한인의사회 학술교류방문단으로 처음 북에 다녀오면서 모국의 분단현실을 몸으로 느꼈다. 분단의 현장에 살지 않지만 통일을 위해 무엇인가 해야 한다고 생각하며 살아왔다. 남북 사이의 왕래가 단절된 상태에서도 북과 남을 드나들 수 있는 이 해외동포의 서글픈 특권을 헛되게 해서는 안된다는 마음이다. 2010년에는 남녘에서 출간한 「통일의 날이 참다운 광복의 날이다」를 북에 전하고 평양의학대학 병원에서 인공관절수술을 북녘 의사들과 했다. 2011년에도 병원 일을 하는 동안에 남녘 한겨레 통일문화상 수상기념강연원고 「조국 지성인들에게 드리는 고언」 속의 진정 어린 쓴소리를 북에도 전하고 서울로 가서도 마찬가지로 했다.

2012년 북녘 만수대의사당에서 명예의학박사학위를 받는 자리에서도 「2013년 조국의 남과 북에 바란다」는 글에 대해 말하고 남녘에 들러 여러 대학에서 강연도 했다.

2012년 끝에서 2013년 봄까지 모국에서는 북의 인공위성 발사

–유엔안보리 대북제재결의 – 북의 3차 핵시험 – 미한합동 대북 핵전쟁연습에 맞선 핵대핵 무력대결 상황이 벌어졌었다. 이를 보며 정전 / 평화협정 / 북핵 갈등의 상관관계를 다시 생각해 보게 되었다. 모국의 분단과 전쟁에 깊이 관여해 온 미국을 40여년 살아온 동포로 남과 북을 드나들며 양측을 보아오고, 미국을 안과 밖에서 보아온 나의 생각은 남과 북 동포들과 달랐다.

자본주의 남에서는 풍요 속의 양극화, 민생복지 등 생존경쟁 문제가 더 치열해진 모습이고 국방자위력을 갖춘 사회주의 북에서는 경제건설로 인민경제생활 향상에 주력한다고 했다. 남북이 동시에 민생경제문제를 고민하고 있다. 이에 통일경제에 관한 전문가들의 연구 업적을 살펴보고 놀랬다. 통일이 아니라 남북 경제공동체 운영만 해도 민족사상 유례없는 경제부흥을 이룰 수 있다는 사실이었다. 즉 남북 주민들이 훨씬 더 잘 먹고, 잘 놀고 쉬며, 마음 편하게 일하는 그림이 눈 앞에 펼쳐졌다.

그래서 나름대로의 청사진을 그려보니 남북 “연합방”을 해야 한다는 확신에 이르렀다. '연합방' 은 6.15공동선언 가운데 남과 북의 현 체제와 정부를 유지한 채 "남의 연합제와 북의 낮은 단계 연방제"의 공통성에 맞게 내가 써온 이름이다. 지난 10년(1998-2007) 남북해외동포가 즐겼던 화해/협력/교류/왕래하던 시절을 연합방으로 제도화 하는 것이다. "남북 연합방" 하는 것은 남북이 평화하는 것이니 쉽게 경제공동체운영을 시작할 수 있다. 경제공동체를 먼저 운영하면 연합방도 쉽게 이루게 될 것이다. 이책에서 보여드리는 찬란한 경제공동체의 실상이 남북의 공감을 얻는다면 우리겨레는 평화.번영.통일로 내 달려 갈 수 있다는 게 태평양 너머에서 그려보는 '나의 꿈 – 남북 연합방' 이다.

60여 년 반목과 대결의 질곡 속에서도 남은 세계10위권 경제, 정보통신, 스포츠,문화 강국이 되었고, 북은 세계 9대 핵보유국, 10대 우주국에 CNC 과학기술 및 군사 강국이 되었다. 남북이 각기 홀로 이룩한 이 성취는 남북해외동포가 함께 축복하고 자랑해야 할 겨레의 소중한 자산이다. 이제는 이러한 역량과 위세를 자각하고 남북이 힘 합쳐 자신들이 평화체제를 이뤄내야 할 최적의 기회가 온 것이다.

북은 정전 이래 미국의 위협에 대처하느라 강요된 선택으로 핵을 갖게 되었다. 이렇게 생긴 북핵은 또 세계평화를 위해서 폐기되어야 한다고 한다. 모국에 평화체제가 이뤄졌더라면 북핵은 없었을 것이다. 지난 60년의 전변을 돌아 보니 모국의 남에 군대를 주둔시키고 있는 미국은 공산권 붕괴 뒤에도 정전상태를 평화상태로 바꿔야 할 의도가 없었다는 생각이 든다.

동아시아 지정학의 요충지에 자리한 모국에 반목하는 두 정부가 있다는 것이 미국의 이익에 유리한 동북아시아의 질서를 유지하는 틀이었다. 북에는 국가주권을 확립한 조선이 있는 한편, 남에는 군사 주권을 미국에 맡긴 한국이 이런 상황에 기여하고 있다. 이런 상태를 유지 하는 것이 중국과 러시아를 견제하는데도 도움이 되고있다.

결국 남과 북 자신은 이런 상태에서 벗어나려는 충분한 추동력을 발휘하지 못한 것이다.

그런데 2010년대에 국력이 월등해진 남북에 중국이 미국의 맞상대로 떠올랐다. 이렇게 변모한 동북아 군사경제 형세를 보며 나는 별난 꿈을 가지게 되었다. 그리고 이러한 이상과 꿈은 대륙과 해양세력의 침탈을 겪어온 우리 민족에게 새로운 전변의 기회를 안겨주고 있는 것이 보인다.

통일을 향한 몸부림 속에 일어난 쟁점들에 대해 써온 글을 책의 1부에 담았고, 우리겨레가 새로운 역사를 펴나가야 할 꿈에 대한 글을 2부에 넣었다. 3부에는 북녘 동포가 보내 온 개인 편지를 비롯해 통일 과정을 구상해 본 글도 담았다. 사회과학자 아닌 이 의사의 생각으로 쓴 글들이 조국의 앞날을 그려보는데 도움 되기 바란다. 나의 꿈은 사실 새로운 것도 아니다. 남북동포의 가슴 속에 품고 있는 이상과 소망을 불러 일으킨 것뿐이다. 우리 모두, 내 겨레, 내 나라 사랑하지 않는 사람은 없다. 그 확신에서 당신과 나의 꿈에 대해 다시 생각해 보자. 또한 남북 연합방 조국은 세계적 반열의 국가가 된다는 자신도 가져주기 바란다.

이런 관점을 놓고 함께 토론해 온 경제 전공 정태일 선생(「재미동포 아줌마, 북한에 가다」의 저자 신은미 남편), 남녘 역사학자 이병한 박사(UCLA한국학센터 연구원, 프레시안 [동아시아를 묻다] 필자)에 감사한다. 늘 명철한 의견을 보내주시는 남녘 이재봉 교수와 때마다 가슴을 열고 마음을 주고 받아온 북녘 친구들에게도 고마움을 전한다. 해외동포가 내 놓는 이 책에 남북 인사의 추천사를 넣을 수 없었던 것이 아쉽다.

터무니 없는 자신감과 무지막지하고 당돌한 주문을 곱게 받아

드려 이 책을 출간해 준 다트앤 안혜숙 편집인에게 뜨거운 감사를 드린다.

우리 겨레가 가야 할 길은 오늘도 북과 먼저, 내일도 남과 먼저, 모레도 또 언제나 남북이 서로 먼저 대화–소통–합의하고 실행해서 하나가 되어야 한다는 믿음으로.

2013년 9월 10일

로스앤젤레스 근교 파사데나에서

오인동

목차

3부 북녘 편지와 통일방안 등

1부

남북 관계의 쟁점들

이젠 통일 짓 좀 해 봅시다

2011년 6월 서울, 한겨레 통일문화상 수상 기념 강연에서 나는 "분단 66년 동안에 할 짓 못할 짓 다 해본 마당에 이제 무슨 짓을 더 해야겠습니까? 통일 짓 말고는?"라고 했다.

못할 짓이란 1945년 해방정국에서 좌우대립으로 남과 북 정부수립으로 분단이 제도화되고 1950년 6.25전쟁을 치르고 나서 서로 비방과 저주를 계속하며 지내 온지 60년인 오늘도 분단된 채 반목과 대결하고 있는 것을 두고 한 말이었다.

그런 가운데도 몇 가지 해야 할 짓, 즉 통일연습도 해 왔다. 1972년 자주 · 평화 · 민족 대단결의 7.4남북공동성명이나 1992년 '남북 사이의 화해와 불가침 및 교류, 협력에 관한 합의서' 같은 일 말이다. 가장 감동적이었던 통일연습은 2000년, 남북의 최고지도자가 만나 대화하고 발표한 6.15 공동선언이었다.'나라의 통일문제를 그 주인인 우리민족끼리 서로 힘을 합쳐 자주적으로 해결해 나가기로'한 것은 우리겨레가 지니고 가야 할 근본정신이다. 그 뒤로, 이산가족 상봉과 다방면의 인적, 물적 교류와 협력이 활발해 지면서 금강산 및 개성 관광, 남북 사이의 철도와 도로가 연결 · 개통이 되고, 개성공단 사업 그리고 서해 평화지대 구축과 더 구체적인 48개 실천사항에 합의한 2007년 10.4 평화번영 선언까지 다다른 것이었다.

그런데 2008년 이명박 정부가 들어서면서 겨레통합과 나라통일에 대한 철학과 역사인식도 시대인식도 없는 비핵 · 개방 · 3000이라는 대북정책으로 지난 10년 동안 화해, 협력하며 쌓아온 남북관계를 5년 동안에 완전 파탄 냈다.

남측 금강산 관광객 피격 사건 뒤 관광사업을 중단시키고, 46명의 수병이 수장된 천안함 사건으로 이명박 정부는 2009년 5.24조치로 남북 사이의 인적, 물적 교류 및 협력 사업을 완전히 중단시켰다. 이어 정전이래로 처음인 남북영토 사이의 연평도 포격전도 일어났고, 남북교역의 전면 중단으로 소상인들은 실업자가 되면서 700여 중소기업이 도산했다.

북 붕괴와 흡수통일의 허망한 환상을 안고 경제적으로 북을 압박해온 결과 북을 중국과 경제 교류하게 내몰았다. 북은 자율적 개방과 전환을 해가며 북 · 중 교역은 무서운 속도로 늘어나고 중국은 발 빠르게 동북지역의 경제적 활로를 북을 통해 진행하고 있다. 러시아는 북의 채무 110억 달러를 탕감해 주고 라진 선봉 경제자유무역지대와 중 · 러의 태평양을 향한 라진항 중심의 북 · 중 · 러 경제협력 체제를 구축하고 있다.

북미 평화협정을 줄기차게 추구해 오던 북측이 2012년 말에 인공위성을 궤도에 올리자 미국과 남의 주도로 유엔안보리의 대북제재결의가 채택되었다. 이에 북은 2013년 2월, 다종화한 3차 핵시험을 하고 3-4월에 걸쳐 진행된 미한합동대북핵전쟁연습에 핵대핵 무력대결로 맞섰다. 평화냐 전쟁이냐를 강제할만한 무력을 갖췄다는 자신감에서였다. 동시에 북이 '조국통일대전'도 무릅쓰겠다고 한 것은 남과 먼저 평화하자는 것이었다. 이러한 북미 사이의 핵 대 핵 대결상황 속에 '한반도 신뢰프로세스'라는 대북정책을 내세운 보수계 박근혜 정부가 출범했다.

핵 미사일 군사강국임을 자임하는 북도 이젠 핵 무력과 경제건설을 병진해 간다고 한다. 이러한 때 남북이 다시 교류협력을 시작하면 서로 두려워하는 군사력은 2차적이 된다. 이와 같은 통일 짓은 해 볼만 하고 또 해보면 남북이 공생 · 공영 · 공익이 되는 것을 곧 느끼게 될 것이다. 남은 북의 집권세력을 악마화 해 왔고, 북은 남측이 미국에 예속되어 민족의 통합을 막고 있다고 한다. 재미동포의 입장에서 보면 남북은 서로 상대를 바르게 이해하지 못하고 있다는 것이다. 요는 북이나 남이나 틀린 것이 아니고 서로 다르다는 것이다. 다른 이유는 남북이 지난 100년의 역사적 경험에서 터득한 가치관이 다르기 때문이다.

그러니 아직까지는 남과 북이 서로 다른 점과 나쁜 점을 부각시키며 비방하고 증오해왔는데 이제부터는 같은 민족이 어떻게 이렇게 다르게 되었는지를 알아보며 역지사지의 정을 갖게 되면 이런 문제는 차차 접점을 발견하게 되리라고 본다.

한편이 잘 살던 다른 편의 무력이 강하던 간에 남과 북은 분단의 멍에를 벗어버리기 전까지는 도저히 마음이 편해질 수 없다. 그러니 한번 맞붙어 흉금을 털어 놓고 얘기해 보자. 남은 남대로 북은 북대로 자신들이 귀하게 여기는 가치관에 따라 잘 해보려고 힘써 온 역사의 배경과 과정을 짚어 보자는 것이다. 역지사지로 소통하다 보면 서로를 이해하게 되고 신뢰가 쌓일 것이다. 이러니저러니 미워해도 남북은 결국 서로 통합해야 할 상대이지 남도 적도 아니다. 남측이 기대는 미국도 북측이 도움을 받고 있는 중국도 결국은 남이지 우리가 아니다. 남과 북만이 우리이다.

6.15 남북공동선언에서 남의 연합제와 북의 낮은 단계 연방제의 공통성을 인정하고 이 방향에서 통일을 지향해 가기로 합의한 바에 따라 남북 연합방을 합의하고 경제 공동체 운영을 시작하면서 서로를 알아가자는 것이 나의 평이한 생각이며 주장이다.

시작만 하면 찬란한 통일조국의 청사진이 펼쳐진다. 하여 이제부터는 못할 짓, 더 이상 하지 말고 해야 할 통일 짓, 통일연습을 해 나가보자. 재미동포 미국시민으로 남과 북을 자유롭게 드나들며 양쪽을 보아오면서 알게 된 사실들을 제3자인 동포 입장에서 공정하게 남과 북에게 알려 보고자 한다. 이제부터 그 동안 쟁점이 되어온 여러 문제들에 대해 하나씩 쉬운 얘기로 살펴보자.

되로 주고 가마로 퍼온 퍼주기

남녘의 많은 사람들이 김대중 · 노무현 정부 시절, 북과 상호주의적 대응을 하지 않고 무조건 퍼 주었기 때문에 북이 버릇이 나빠진데다 받은 것도 없고 개핵 · 개방도 안 했다고 한다. 심지어는 퍼줬더니 핵폭탄으로 돌아왔다고도 한다. 무엇을 얼마나 퍼줬기에 그러는 것일까? 실상을 살펴보니 퍼준 것은 너무나 적었고 퍼온 것은 훨씬 더 많았다.

김 · 노 정부 10년에 남녘 정부 주도로 북에 24억 달러 정도의 현물지원을 했다고 두 전직 통일장관은 말했다. 그 내역은 식량, 비료, 긴급구호와 민간단체 · 국제기구가 지원한 것이었다. 그러니까 1년에 2억 달러, 즉 5천만 남녘국민 한 사람당 4 달러를 북에게 준 셈이다. 미국에서 보면 1년에 한번 햄버거 하나를 준 셈이다. 남녘 셈으로는 자장면 한 그릇 정도인가?

이명박 정부의 2008년 통일백서에 의하면 김대중 · 노무현 정부 10년에 북에 현금이 아니라 현물로 제공한 것을 현금으로 환산해 보니 정부 · 민간 총합계가 매해 3억 달러도 안 되었다. 서독이 통일 전 매해 32억 달러씩 17년간 동독에 지원한 것과는 비교도 되지 않는다. 한편 남측은 1999년부터 8년 동안에 신무기 구입비로 미국에 56억, 즉 연 5억 달러씩 지불했다.

그런데 수구언론 조선일보는 지난 김/노 정부 10년간 총 69억 5950만 달러를 퍼주었다고 했다. 그 중 현금지원만도 29억 222만 이었고, 쌀과 비료 등 인도적 현물지원은 40억 5738만 달러라고 한다. 현금 지원 29여 억 달러에는 우선 위탁가공을 포함한 상업적 교역 18 여 억, 금강산과 개성 관광대금 5여 억, 사회문화교류 비용 4여 억 달러를 포함한 총액이었다. 18억 달러는 교역의 비용이고 대가이지 지원이 아니다. 남녘 업체들이 18억 달러를 투자해서 번 이익은 이보다 훨씬 더 클 것은 누구나 짐작할 수 있다. 그 외에 남녘사람들이 금강산이나 개성에서 즐긴 관광요금 5.4억 달러도, 개성공단 토지임대료와 북 노동자 임금(평균 63달러) 4,400만 달러도 포함 되어 있다. 마치 동남아에서 위탁가공 한 노동자에겐 임금 지불도 안 하고 공짜로 상품을 받아 오고, 남녘 사람들이 태국이나 베트남에 가면 무료로 관광한다는 말인가? 이게 자본주의 남녘에서 이재에 밝고 우수하다는 수구언론인들의 계산법인가? 틀려도 한참 틀린 계산이다. 그리고 교역거래도 대개 북에 현금지급이 아닌 북녘의 여러 종류의 물자로 받아 온 것이었다고 한다.

교역해서 남측이 더 많이 이익을 냈건 말건, 어떻든 현물과 돈이 북으로 간 것은 사실이다. 그러나 무조건 퍼 준 것이 아니고 어느 다른 나라와의 교역보다 크게 남측이 이득을 챙긴 장사였고 어려움에 처한 동포에게 인도적 지원을 해준 고귀한 민족애이기도 했다. 퍼주었다는 69억 달러를 줄여 보려고 하는 얘기가 아니다. 매 해 6.9억 달러가 아니고 서독이 지원한 32억 달러의 $^1/_4$도 안 되는 액수였으니 부끄럽기까지 하다. 반 정도만이라도 지원해 주었더라면 어떤 결과가 나왔을까? 그러면 무엇을 퍼 왔는가?

2000년 6.15남북공동선언 이후 4천 이산가족의 2만 명이 상봉했다. 분단 50여 년 사이에 없었던 일이었다. 이런 일이 당신 가정에서 있었던 일이라면 감히 돈으로 계산해보겠다고 할 수도 없는 가장 인륜적인 것이었다. 6.15선언 이전 50년 동안에 남북 왕래인원이 3천 명이었다. 6.15 이후엔 44만 명의 남 · 북 왕래로 서로를 더 알게 되었다. 김대중 정부에서 시작한 금강산 관광이 중단 된 2008년 중반까지195만 명이 다녀왔다. 남북을 오가며 학술교류, 문화 · 예술 교환공연, 계층과 분야별 지원사업이 활발했다. 동부와 서부에서는 휴전선 철조망을 뚫고 철도와 도로가 연결되어 금강산 · 개성관광 · 개성공단 출퇴근차량이 매일 수백 대였다. 돈으로 얼마라고 계산해야 하는지는 모르지만 이는 퍼온 것 아닌가? 전에는 상상할 수도 없었던 이런 북의 변화를 개혁 · 개방이 아니고 무엇이라 불러야 하나?

개성공단 123 개의 남한기업체에서 일하는 남측 인원 900 명과 북측 인원 5만 여명이 연 5억 달러의 제품을 생산해 내고 있다. 이는 북 근로자에게 현재 평균140달러 월급으로 올린 실적이다. 남녘 시화공단($831), 중국 칭다오 공단($194)의 임금과 비교해도 너무나 저렴하고, 땅값이며 지리조건 등 남녘기업에게는 최고의 사업조건이다.

1997년 남북교역 4억 달러가 2007년에 18억 달러가 되었다. 무엇보다 더 중요한 사실은 북이 요충지의 군사시설을 철수하고 개성과 금강산을 남측에 내 준 것이다. 거꾸로 남측이 휴전선 가까운 경기도 파주나 강원도 속초 부근의 땅 한 평이라도 북에 내주는 것을 상상이나 할 수 있나? 이런 것도 다 북에서 퍼온 것 아닌가? 북측 입장에서는 남에게 훨씬 더 퍼주었다고 할 것이다. 북에 '되'로 주고 '말'도 아닌 '가마니'로 퍼 왔다는 게 옳은 말일 것이다.

만약 북에 퍼주지 않았으면 나쁜 버릇도 고치고 또 붕괴시킬 수도 있었다고도 했다. 남의 관광객 한 분이 입북금지 구역에 들어가 피살된 이래 마침 잘 됐다는 식으로 금강산 관광을 중지하고 남북교역 중단조치를 했다. 그래서 남녘 2만 명 소상인이 생업을 잃었고 북과 교역하다 고사한 700여 중소기업의 고충은

참담했다.

북이 3억 달러 못 벌 때 남은 그 6배 손해를 본다. 남북 교역중단으로 대남 교역 의존도는 하락했고 2012년에 북의 대중교역은 83%로 늘었다. 남은 이제야 민족의 지하자원을 북이 헐값으로 중국에 넘겨 속국이 될 것이라고 비난하고 있다. 남북교역이 계속됐더라면 남과 북이 서로 경제적으로 더 의존하게 되었을 것이다.

이명박의 비핵-개방-3000과 상호주의 정책으로 북에 퍼주지 않았더니 돌아온 것들은 어떤 것들인가. 북의 버릇도 못 고치고, 말은 더 안 듣고, 천안함 침몰로 젊은 수병 46명을 수장했고, 연평 포격전으로 민가가 파괴되고 군민 4명이 희생되었다.

퍼주지 않아도 북은 핵시험으로 대남 비대칭 전력우위를 확보했다. 이명박 정부의 끝을 축하해 주는 축포인양 인공위성 광명성을 궤도에 올려 놓은 겨레의 과학적 개가도 올렸다. 김대중 · 노무현의 잃어버린 10년이라더니 이명박은 북을 중국에 팔아 먹은 진짜 잃어버린 5년이 되었다.

남이 북에 퍼줬다는 4억 달러이던 6억여 달러이던 그 액수는 고작 남녘 GDP의 0.04~0.06%이다. 퍼줬다고 하기에는 너무나도 초라하고 부끄러운 일이 아닌가. 10위대 경제강국 남녘은 쩨쩨하고 한심하다는 생각이 이 재미동포의 인식이다. 남녘 산천의 환경을 망친 4대강 사업 3년에 220억 달러를 썼다니, 매해 73억 달러였다. 결국 한 사람이 나라를 망칠 수 있다는 얘기가 떠오른다. 통일을 해야겠다는 생각이 있다면 남녘이 이런 식의 사고를 계속해선 안 된다. 퍼줬다는 얘기 하기가 이젠 머쓱하지 않은가? 남이 더 큰 이득을 보려면 더 퍼줘야 한다. 북보다 훨씬 더 큰 이득을 볼 수 있는 측이 남이고 그래서 남북이 더 풍요한 내일로 가는 길이다.

---

*위는 저자의 [Corea통신] 글에서

북녘만 개혁 · 개방 안 하나, 못 하나?

이명박 대통령 시절(2008-20012)에 남녘 수구세력은 북이 개혁 · 개방 하지 않는다고 비난하면서도 북과 교류를 끊고 압박 봉쇄만 했다. 북이 곧 붕괴할 것이라는 환상에서였다. 한 나라의 개혁 · 개방은 그 나라가 추구하는 가치관에 따라 안에서부터 스스로 하게 된다. 시대의 변화에 따라 북은 자율적 전환을 이미 시작했다. 불행하게도 교류를 완전히 차단한 남과 아니고 다른 나라들과 말이다.

남녘 사람들은 또 베트남과 중국도 개혁 · 개방을 했는데 북녘만 하지 않는다고 비난했다. 매우 잘못된 사고이다. 베트남이 다이모이 개혁개방을 한 것은 통일하고 난 뒤였고, 중국이 흑묘백묘하며 개혁한 것도 남북처럼 분단된 나라가 아니어서 자신들의 계획대로 했던 것이다. 이런 나라들과는 완전히 다른 남북의 경우를 놓고 이렇게 얘기하는 것은 자신의 무지를 내보이는 것과 다름 아니다.

북은 미국의 정치, 경제, 사회 모든 분야 에서의 제재와 고립과 봉쇄를 당해 왔지만 그렇다고 북이 세계와 담을 쌓고 지내는 고슴도치는 아니다. 북은 160여 유엔 회원국과 정상수교 되어 있어 상호간 방문은 자유롭다.

평양 곳곳에 수교국의 대사관 영사관 연락사무소들이 있다. 세계에서 수교 안된 나라는 미국과 일본 정도이다. 유럽의 마지막 미수교국인 프랑스도 수교과정으로 가고 있다. 미국의 AP, 일본의 교도, 유럽의 로이터, 러시아의 타스, 중국의 신화사 통신 등이 평양에 주재하고 있다. 그러나 그들의 취재는 제한적일 것이다.

북녘 사람의 미국 입국은 제한되어 있지만, 북의 '철천지원쑤' 라는 미국사람은 북에 갈수 있다. 하여 미국시민인 재미동포의 방문도 물론 자유이다. 오직 남녘 사람만이 남녘 정부의 접촉금지령으로 북에 갈 수 없는 것이지 북이 못 오게 하는 것이 아니다. 세계 어느 나라나 마찬가지로 북에 가려면 입국사증을 받아야 한다.

북이 남에 개방된 사회가 아니듯이 남 역시 미국처럼 북에 개방된 사회가 아니다. 남에선 북이 개방하면 체제붕괴가 두렵고 남에 흡수될까 두려워 못한다고도 했다. 90년대에 그런 두려움이 있었을 것이다. 고난의 행군 시기를 지내온 뒤에는 더 자신이 생긴 북의 모습이다. 경제적으로 어려운 북의 사정은 그대로이지만 핵과 세계10대 우주클럽 회원국으로 과학·군사면에서 자신을 갖게 되었고 김정은 제1비서는 핵무기와 경제발전을 함께 추구하면서 인민생활 향상을 이루겠다고 한다.

개방이란 면에서 보면 세계의 어느 나라 사람도 북을 방문할 수 있다. 허나 북에 가면 방문지역과 인민들과의 접촉은 제한되어 있다. 정전 이래 아직도 미국과 전쟁상태에 있기에 군사시설을 보호하려는 이유도 있고, 경제적으로 어려운 지역의 모습을 보여주고 싶지도 않을 것이다. 또 주민들과의 접촉이 체제유지에 바람직하지 않다는 우려도 있을 것이다. 그렇다고 남이 북에 개방한 것도 아니다.

말로는 자유민주주의 개방사회라고 하는 남이지만 남도 북의 방송도 신문도 보지 못하게 하고 있다. 남이 자유민주주의 개방사회로 자신이 있다면 서신 왕래도 또 이산가족의 자유로운 북녘 방문도 허용해야 할 것이다. 미국을 비롯한 세계의 다른 모든 나라들처럼 말이다. 그러나 못하고 있는 남이니 북과 크게 다르지도 않다는 것을 남 국민도 알아야 한다.

남은 외국에서 북녘 사람들과의 접촉도 통제하고 있다. 남도 분단체제의 한계에서 벗어나지 못한 완전개방사회가 아닌 나라이다. 마찬가지로 북녘도 인민들의 남녘 방문을 허용하지 않고 남 또한 탈북자 이외에는 북 인민을 받아들이지 않고 있다. 이것이 남과 북의 한계이고 남북분단의 현실이다. 그럼에도 남녘 사람들 자신은 완전한 것처럼 상대를 비난하는 모습은 모순이다.

북과 같은 독재나 전체주의 나라에서 통신의 자유가 제한 된 것이 상례였는데 지금 북에 휴대전화가 300만대라고 한다. 주민들 사이에 통신이 자유로우면 반정부 봉기가 일어 난다고들 말한다. 평양에서 관리들에게 말 했더니 "남조선 사람들은 우리 공화국을 너무나 모른다" 라며 "인민경제가 좋아지면 더 늘어날 것" 이라고 태연하게 답했다.

개방의 다른 한 면은 북녘 사람들이 외국출입을 하는 것이다. 평양 왕복비행기안의 여객들은 대부분 옷깃에 김일성 부자 초상을 단 사람들이다. 여러 종류의 임무를 띠고 세계를 들락거리고 있음이 분명하다. 물론 남에 비해서는 비교도 안될 극소수이다. 2012년 제1분기에 중국에 들어간 북 주민이 42,000명으로 이는 전년에 비해 40% 증가한 숫자다.

2011년 에는 15만 명이 중국을 방문했고, 2010년에 13만 중국인이 북을 방문한 이래 현재는 수십만에 이른다고 한다. 세계 각 나라에서 일하는 북 노동자가 5만 명 이상이다. 러시아, 중동 · 아프리카, 동남아, 몽골 등에서 노동뿐 아니고 서비스 · 기술직에도 종사하고 있다. 중국으로 송출한 북녘 근로자의 임금은 개성공단에서 받는 액수 보다 훨씬 더 높다.

뿐만 아니라 유학생들도 많아서 중국 동북3성에 2,000여 명과 유럽에도 유학 중이다. 북 내에서도 미국 중국 유럽의 40여 교수들로부터 강의를 받고 있는 곳이 2010년 개교한 평양과학기술대학이다.

2011년 내가 평양의대병원에서 인공관절수술을 전수하는 동안에 그 대학 재미동포 박찬모 명예총장을 만나 학교를 방문했다. 농업생명과학, 컴퓨터공학, 금융 경영학부에 260여 명의 우수한 학생들이 공부하고 있었다. 대학교정에서는 영어가 공용어이다. 나는 학생들과 영어로만 대화했다.

이렇게 엄청난 북의 개방을 가능하게 해 준 것이 다름아닌 남녘 수구세력의 공헌임은 두 말 할 필요가 없다. 다만 개혁개방의 상대가 남이 아니었다는 것이 얄궂을 뿐이다. 이제라도 남녘 사람들은 이러한 사실을 제 바로 앎으로서 자신들의 주제도 파악하고 졸부근성 좀 자제하고 앞으로의 남북관계 증진에 기여하게 되기 바란다.

---

*위는 저자의 [Corea통신] 글에서

굶어 죽었다는 3백만, 정말?

6.25전쟁 뒤 북은 국가계획경제정책으로 남보다 우세한 경제를 이어 왔었다. 미국의 대북 정치경제 봉쇄가 계속되던 중, 1990년 공산국가들의 붕괴로 교역 상대를 잃어 버려 북은 에너지난, 외화난으로 어려워 지기 시작했다. 공산주의 경제발전의 원천적인 한계에 부딪힌데다 1995년부터는 연속된 자연재해로 막심한 농작물 피해를 입어 북은 식량난에 빠졌다.

식량을 구하려고 인민들이 두만강을 건너 중국을 넘나들기 시작했다는 보도가 나왔다. 북에서 말하는 「고난의 행군」이 계속되면서 탈북자들이 늘어 난 것이다. 국내에서는 인민들이 굶어 죽고 있다는 소문도 들렸다.

•

매섭게 춥던 1998년 1월, 나는 「Korea-2000」, 재미동포통일연구회가 작성한 「남북 지도자에게 드리는 통일정책 건의서」를 들고 서울에 가서 김대중 대통령 당선자에게 전하고 바로 평양으로 들어 갔다. 을씨년스러운 겨울 밤에 고층 살림집 창에 전등불빛이 보이지 않았고 난방이 전혀 안된 대동강 여관에서 외투를 입은 채 잠들 수 없었던 첫날 밤을 지샌 적이 있다. 평양은 암흑 속에 죽어가는 도시 같았다. '고난의 행군'이 한창이던 때였다. 그러나 아침이 밝으니 일터로 기운 없이 걸어가는 인민들의 머리 위 건물에 드리운"가는 길 험해도 웃으며 가자"는 표어에 눈이 아렸다. 길 건너에는 또"나중에 웃는 자가 더 행복하다"는 구호도 보였다. 2년 뒤 6.15남북공동선언 이후와 노무현 정부시절에 남북 사이의 화해, 협력, 교류가 활발해지며 북의 형편도 좋아져 가는 듯 했다.

그러다가 누가 왜 퍼뜨렸는지 모르나 북에서 3백만 명이 굶어 죽었다는 풍문이 남녘에 파다하다는 얘기가 미국에까지 들려왔다. 2008년 출범한 이명박 정부는 북에 상호주의 원칙을 들이대며 인도적인 식량지원도 못하게 했다. 1984년 전두환 정부 시절, 남보다 경제적으로 어렵던 북이 수재를 당한 남녘 국민에게 식량과 생필품을 지원해 준 적이 있다. 그때 북이 상호주의를 요구했단 말은 들어보지 못했다.

정말 2,400만 북 인구의 15%인 3백만 명이 굶어 죽었을까? 사실은 확인되지 않았고 북은 침묵했다. 실제로 몇 명이 굶어 죽었는지는 알 길이 없었다. 다만 유엔인구활동기금(UNFPA)으로 조사한 북녘인구자료에서 인구변동 상태를 살펴 봄으로서 어느 정도 짐작은 할 수 있다.

그 자료에 의하면 2008년 10월 1-15일 사이에 3만 여 명의 조사요원이 총 588만여 가구를 대상으로 조사한 북의 인구는 2,405만 1218명이었다. 남측 인구의 절반 정도였다. 한편 15년 전인 1993년의 인구는2,121만 명 이었다. 즉 15년 동안에 300만 명 가까이 늘어난 것이다.

소문대로 1990년대 중반 이래 북에서 3백만 명이 굶어 죽었다면 고난의 행군 시기를 넘겼을 2000년대 전반에 북에는 2,121만-300만=1800만 명 정도가 생존해 있었을 것이다.

그렇다면 2008년 인구 2,405만에서 위의 인구1800만을 빼 보면 15년 만에 약 6백만 명이 증가 했다는 계산이 나온다. 인구학자들에 의하면 이런 인구 증가는 그 당시 북녘 인구증가율 추세로 보아 있을 수 없다고 한다. 1990년대와 2000년대 북의 연평균 인구 증가율(0.6~1.2%)을 적용해 보면 2008년의 인구 2,405만 명보다는 20-40만 명이 더 증가 했어야 한다는 추산이 나온다는 것이다. 다시 말하면 평균 약 30만 명이 적게 증가했다는 얘기이다. 그러니 굶어 죽었다는 3백만 명과는 너무나도 큰 차이다. 즉 300만 명 아사는 근거 없는 숫자 일 수 밖에 없다. 그렇다고 15년 동안에 약 30만 명이 다 굶어 죽어서 그런 수치가 나온 것은 아닐 것이다. 그간 탈북자가 십만이니 20만이라는 얘기가 나돌았으니 말이다.

그렇다 해도 매 해 만 명 대의 인구 증가가 없었다는 것은 무시 못할 숫자다. 즉 매해 2-3만 정도가 굶어 죽었을 수도 있다는 얘기이다. 한편 음식이 넘쳐나는 남녘에서는 얄궂게도 매해 자살로 17,000명 정도가 죽어나간다고 한다. OECD국가 최고의 자살률이다.

300만 명이나 굶어 죽었다고 열 올려가며 반복해서 대서특필 보도하던 수구언론들이 이런 객관적 인구조사 결과에는 슬그머니 외면했다. 그러면서도 300만이나 굶겨 죽여서 벌써 망했어야 할 북을'퍼주기'로 연장했다며 반북정서를 부추겼다. 나 같은 재미동포의사는 인간생명권을 조롱하는 남녘 수구세력과 언론의 이런 정서를 미국사람들에게 차마 얘기하지 못한다. 마치 자기네 동족인 북 동포들이 더 많이 죽어서 빨리 망했으면 북의 인권문제가 잘 해결 되었을 것이라는 얘기 같아서 말이다.

여하튼 300만 명을 굶겨 죽인 김정일 독재정권이라는 얘기는 북을 증오하고 악마화하는 반북 여론의 견인차 역할을 했고 지금도 계속 300만을 들먹이고 있다. 북 인민의 인권을 부르짖는 사람들의 이런 비도덕적, 비인도적, 비인륜적 인권개념에 놀랄 뿐이다. 그렇다고'제 나라 사람을 굶겨 죽이는 정권은 망해야 한다'는 말이 틀린 것은 아니다. 그런 정권은 빨리 망하는 것이 좋다. 그런데 망해 주나? 나라는 가난해서 망하지 않고, 부정 · 부패해서 망하는 것이 역사의 진실이다. 1960년대 중국에선 천만

이 굶어 죽었다고 한다. 그래서 중국이 망했나, 아니면 앞으로 북이 망할 것인가? 김일성 죽으면 망하고, 김정일 죽으면 곧 망한다고 한 북이 아직도 가난하지만 핵미사일을 보유하고 나서 미국에게 평화체제를 핵 대 핵의 위세로 촉구하고 있다. 한편 부유한 남은 북이 두렵다며 미국에 수십조 원의 무기를 사주며 보호해 달라고 매달리고 있는 이 모순을 미국에서 보고 있는 해외동포의 소회는 착잡할 뿐이다.

내가 지난 여러 해 평양의학대학 병원에서 인공관절치환 수술을 전수하는 동안에 보게 된 소아과 병동 어린아이들의 모습이 눈에 아리다. 남북 청소년들의 신장 · 체중의 현격한 차이를 보여 주는 비교표가 가슴을 섬뜩하게 한다. 통일의 그날 남북 청춘들의 결혼상대 들이다. 북에서는 요 몇 년 사이에 병원의 전력공급 사정도 좋아졌다. 공장이 재가동되어 비료가 생산 되고 종자의 개량으로 먹는 문제가 눈에 띄게 좋아졌다.

핵미사일 우주과학 강국이 된 북이 산업혁명을 통해 인민생활 향상을 총체적 목표로 하고 있다. 대외교역의존도가 임계점에 달한 남과, 북이 빠르게 인민경제를 향상시키는 길도 남북 경제공동체를 운영하는 것이다.

---

*위는 저자의 [Corea통신] 글에서

도대체, 인민군은 얼마나 먹나?

굶어 죽어 간다는 북에 쌀을 보내면 인민들에게 분배되지 않고 인민군에게만 돌아간다며 남녘 수구세력은 식량지원을 반대한다. 인민군도 북의 인민일진대 누가 먹던 죽지 않고 살면 되는 것이지만 수구세력의 이런 선동의 목적은 다른데 있는가 보다. 더 많이 굶어 죽으면 북이 곧 손 들고 나올 거란 생각인지, 아니면 북을 악마화 해서 적대관계를 지속하기 위한 구실인지도 모른다.

남녘통일부 자료에 의하면 북의 1년 곡물생산량은 2000년대에 평균 460만 톤 정도였다. 세계식량기구(WFP)가 세계보건기구(WHO) 최빈국 기준으로 권고하는 1인 연 식량 소요량 175Kg을 적용하면 북 인구 2,405만 명에게 필요한 식량은 약 430만 톤이 된다. 한편 정상적인 210Kg으로 계산하면 약 504만 톤이 필요하다. 그러나 이 수치에 사료용, 종자용, 감모, 재고 등에 대한 일정수량을 추가하면 최빈국 기준 북녘의 1년 총 곡물소비량은

530만 톤이고 정상적인 210Kg 으로는 620만 톤이 된다.

최빈국 기준으로도 530-460=70만 톤이 모자라고 정상적 기준으로는 620-460=160만 톤이 모자란다. 2011년 북의 곡물생산량이 510만 톤 이었다고 한다. 최빈국 기준으로는 530-510=20만 톤이 모자랐을 테니 굶어 죽는 사람은 없었을 것이다. 왜냐하면 북은 매해 20-40만 톤 정도의 식량을 수입 한다고 들었다. 그러나 정상기준인 210Kg로 계산하면 그래도 110만 톤이 모자라니 인민들의 영양상태는 좋지 않을 것이다.

그러나 이런 수치는 곡물로만 따진 것이지 여러 다른 식량은 포함되지 않았다. 고난의 행군을 이겨내고 2000년대에 들어서는 산간지대가 대부분인 북에서는 감자와 고구마 재배를 강조해 왔다. 2007년의 경우 수분을 삭감한 감자의 순 생산량은 75만 톤이고, 고구마는 19만 톤이었다. 이뿐이 아니고 돼지고기, 소고기, 닭고기 등 육류는 27만 톤 그리고 어류 66만 톤까지 합하면 187만 톤이 된다. 같은 해 곡물 생산량인 쌀 217만, 옥수수 165만, 밀 20만, 보리 8만, 콩 27만 톤의 합계는 437만 톤이다. 하여 곡물과 여타 식량을 합하면 총 624만 톤이 된다. 이 정도면 정상적인 곡물 소비량에 달한 셈이니 굶는 주민은 없다는 얘기가 된다. 북에서 육류 증산을 위해 풀 먹는 동물 기르기가 한창이고 재미동포 농축학자 김필주 박사는 아예 북에 장기간 체류하며 돕고 있다.

라진 · 선봉 지역 해안가에서도 양어장 공사가 한창인 것을 「재미동포 아줌마, 북한에 가다」의 저자 신은미씨는 보았다. 감자 생산을 높이기 위한 품종개량과 경작지 늘리기도 노동신문에 자주 보이는 기사이다.

이런 기본자료를 토대로 북측 군대 110만 명에게 정상기준 1인당 연간 210kg을 할당하면 약 23만 톤이 필요하다. 추가로 비축해 두어야 할 군량미가 얼마가 되어야 하는지 모르지만 실제로는 23만 톤이면 선군 정책의 선봉인 군대를 배부르게 먹일 수 있다.

어느 나라나 마찬가지로 북도 나라를 지켜주는 군대에 자체 생산한 460-510만의 평균치인 485만 톤의 5% 정도인 23만 톤을 우선 배당할 것이다. 군인이라고 하루에 대 여섯 끼를 먹을 리도 없지 않은가. 군대가 먼저 먹고도 식량이 남으면 그것은 인민들에게 갈 것이다. 보내준 쌀을 외국에 내다 팔아 외화를 벌어 핵개발하고 있다는 얘기는 아직 못 들었으니 어느 누구던 먹었을 터이고, 그래서 더 굶어 죽은 인민이 없었다면 다행한 일이 아닌가?

수구세력은 또, 평양에는 선택된 인민들만 살기 때문에 굶는 곳은 시골이라고도 한다. 2,400만 인구의 10% 정도인 250만이 사는 평양보다는 90%인 지방에 사는 당 간부 수가 훨씬 더 많을 것이니 이 또한 황당한 얘기다. 2009년 평양의학대학 병원에서 만난 한 관리가 고난의 행군 시기에 가장 힘들었던 지역은 평양 등 큰 도시였다고 조용히 말했다. 시골과는 달리 주위에 나무도 풀도 없기 때문이었다는 말에 그만 가슴이 메어졌다. 봉건시대 초근목피 하던 조상들의 생각이 떠올랐기 때문이었다.

식량지원 하는 측이 용납할 수 없는 것은 상위계층이 할당량 이상을 전용 함으로서 하위계층을 희생시키는 것이다. 이것이 분배의 공정성이며 투명성이어서 강조해야 한다. 여하튼 절대량이 부족하기 때문에 인간생명권이 희생되는 것을 간과할 수 없기에 UN 등 국제기구에서 인도적 지원을 주선한다. 전용 우려 때문에 지원하지 않는다면 이는 말릴 수 없는 지원자의 선택이다. 하여 안 보내면 누군가 한 사람 굶고, 보내면 누군가 한 사람이 산다는 엄연한 사실만 남게 된다.

남녘에 남아도는 쌀을 보내줘도 되는데 보관하는 비용만도 4억 달러란다. 4억 달러면 북에 모자라는 식량 80만 톤을 살 수 있다. 뿐만 아니라 남녘은 음식물 쓰레기가 무려 150억 달러 값의 500만 톤이고 이 처리에 6억 달러를 쓴다고 보수 논객 조갑제가 말했다.

2011년, 조국을 35년 강점했던 세계의 부자 나라 일본에 쓰나미 재해가 일어나자 남녘국민들이 성숙한 인류애를 발휘해 한창 모금 운동이 일어나 지원하더니 독도문제가 불거지자 슬그머니 잠잠해졌다. 굶어 죽고 있다는 북녘동포에게는 그런 갸륵한 인류애는 해당되지 않는 것이 잘 사는 남녘 동포의 인권인식인가 싶기도 했다. 이러한 사실들을 북녘동포들이 알면 얼마나 섭섭해 할까. 아마 모르긴 해도 큰 원한도 품게 될지 모른다.

통일 하려면 북도 남도 각기 상대 주민들의 마음을 사야 한다. 서로 친남·친북이 되어야 한다. 친남·친북을 지향하는 남북이어야 한다.

하늘 물길사업으로 농지 관개를 돕고 물 흐르는데 전기 난다고 무수한 소규모 수력발전에도 힘을 쏟았다. 이모작 같은 것은 따뜻한 동남아시아 지역에서만 가능한 줄 알았는데 북에서는 다른 종류의 작물을 번갈아 재배하는 두벌 세벌 농사도 장려하고 있다. 축산장려, 양어사업과 품종개량 등 자력갱생의 피나는 전투모습이 또 가슴을 저리게 한다.

북에서 노력봉사는 병원에서 일하는 의사를 제외하고는 일상의 일이지만 농번기에는 보건상도 기관장도 국장도 참사도 모두 모내기에 참여하는 바람에 검게 그을린 얼굴과 팔다리로 돌아오는 모습을 본다. 한편 식량걱정 없는 남측의 곡물 자급률은 27%(쌀을 제외하면 4.5%)뿐 이란 것도 알아야 할 것이다. 남에서는 수입해서 먹고 잘 산다.

핵미사일 자위력을 갖춘 북은 이제부터는 '인민들이 다시는 허리띠를 조이지 않게 하겠다'고 했다. 남녘에서는 실업과 민생복지가 문제이다. 북이 산업혁명을 하려면 자본과 인력이 필요하다. 자본은 남이 인력은 남과 북이 충당하는 남북경제공동체 운영으로 해결할 수 있는 남과 북의 민생경제 문제이다. 남북연합방 평화체제로 이뤄낼 수 있는 일이다.

*위는 저자의 [Corea통신] 글에서

위조지폐, 마약밀매 불량국가?

분단 이래 남과 북은 사사건건 서로를 비난했고 6.25전쟁 뒤에는 증오하고 저주하며 악마화 하고 있다. 북에서는 미국을 적대시 · 악마화하고, 아직도 주한미군을 붙들어 놓고 종미사대하는 남녘 수구세력이나 정부를 미국의 괴뢰로 비난한다. 예전에는 남에서도 북을 소련의 괴뢰라 해서 조국반도 남과 북에는 자주정부는 없고 괴뢰정부들만 있는 것 같았다. 이제 남녘 사람들도 북에게 괴뢰라고 하지는 않는다. 단지 독재 지도자는 악마화 하고 있다.

전 사회를 주체사상화해서 국가의 자주성을 제1로 하고 러시아건 중국이건 대등한 위치에서 대하고 있는 북을 남녘 국민들은 안다. 허나 군사통제권을 돌려주겠다고 하는 미국에게 그대로 계속 관리해 달라고 하는 남을 기본주권마저 포기한 미국의 괴뢰라고 하는 북의 비난에 미국동포의 입장에서 보자면 아니라고 부정하지는 못한다.

이런 점에서 북에 비해 변명할 말이 없으면, 자주가 밥 먹여 주냐며 백성 굶겨 죽이는 북 정권보다는 현실적이고 실용적이라고 한다. 남녘이 좀 잘 살게 되니 이제는 북한 교도소 수인들의 인권까지 염려해 주는 성숙한 인류애를 발휘하며 북한 인권법 상정을 들먹이며 끊임 없이 북을 비난하고 있다.

북을 악마화 하는 일에는 미국도 큰 몫을 하고 있다. 북이 달러를 위조해 쓴다는 혐의는 세계에 정보망이 퍼져 있는 미국 정보기관에서 흘러 나온다. 그러면 곧 남녘 수구언론에선 대서특필하며 북을 조롱하고 저주한다. 남녘 국민은 어려운 북으로선 저지를 만한 일이라고 생각하며 또 미국에서 나온 정보여서 무조건 신뢰하며 더 선동적으로 보도 한다. 북 외교관이 유럽에서 위조 달러를 세탁하려 했다면서도 그 지폐가 북에서 인쇄되었다는 증거는 나온 적이 없다.

독일 언론의 탐사기사에 달러를 위조할 수 있는 고가 · 고도의 인쇄기를 스위스에서 몰래 사는 것도 불가능하고. 특수 잉크, 종이 등의 자료와 인쇄공정이 고난도의 작업이라고 한다. 그 기사에서 북은 지목되지 않았고 중국의 퇴역장성이 지목되기도 했 다. 또 2005년 6자 회담 9.19공동성명과 더불어 미국이 마카오 은행 북 계좌의 돈세탁 의혹을 제기하며 동결하고 1년을 끌다가 아무 증거도 발견 못하게 되자 체면상 러시아 은행을 통해 해제 했다. 남녘 수구언론은 북을 비난하느라 한창 즐기고 난 후에 이런 사실이 밝혀지면 보도하지도 않고 슬그머니 잠잠해 지곤 한다.

북의 악행 소문이 잠잠하다 보면 또 북의 상선을 호주 어디선가 검색했더니 그 속에 마약도 들어 있었다는 얘기도 물론 미국 측에서 흘러 나온다. 이제는 북이 마약판매까지 한다고 남녘 언론에서는 위조지폐와 같은 식의 기사가 또 한창 판을 친다. 마약 재배 할 땅이라면 감자 한 톨이라도 심어 먹으려 할 것이다.

예전에는 북이 이러한 정보는 북을 악마화하기 위해 조작한 정보라고 성명서를 발표하곤 했다. 그런 성명서가 남녘에 그대로 보도되지도 않지만 보도되면 북은 언제나 사기치고 부정하는 파렴치한 집단이라고 기술한다. 결국은 시간이 지나면 그 진상은 밝혀지지 않고 위조지폐 때처럼 슬그머니 잠잠해 진다. 위조지폐나 마약 제조 · 밀매 정보를 제공한 측의 입장에서는 이미 소기의 목적을 잘 달성한 뒤일 것이다. 북 악마화 선동은 이렇게 되풀이 되어 돌아간다.

이와 비슷한 또 다른 정보는 적절한 때마다 주한미군사령부에서 나온다. 즉 북측 인민군 부대가 휴전선 가까이 전진배치 되었다던가, 서울이 사정권 안에 있는 장거리 사정포의 문수가 대폭 늘었다거나 또는 북이 미사일 기지를 전방배치 했다는 정보를 친절하게 공표해 준다.

때로는 북 잠수함 기지의 인공위성사진을 보여주며 활발한 움직임을 포착했다고도 한다. 그래서 그 뒤 무슨 일이 일어난 적은 없다. 그러나 남녘 신문에는 남북군사력의 수적인 비교표가 난무하며 북이 더 많은 무기를 보유하고 있다고 떠든다. 군부는 짝을 맞춰 미국으로부터 신무기구입의 필요성이 제기된다. 그래서 국방 예산은 늘어난다.

한반도 같은 좁은 땅에서 더구나 북이 휴전선 가까이서 발사한 미사일의 요격 확률이 거의 0%라는 미국의 패트리엇 미사일은 이래서 고가로 구입되었다.

최근엔 북의 실용인공위성 발사비용을 8억 5천만 달러라며 이 돈이면 굶는 북 인민의 식량 몇 년치를 살 수 있다고 이명박 대통령이 나서서 비난했다. 수구언론은 76만 평 북녘 미사일 발사장 건설비가 4억 달러라고 보도했다. 사실이라면 이는 세계 수준이라고 자랑하는 150만 평 나로 우주센터 건설비의 3배다. 엉터리 수치다.

사회주의 북에선 토지 매입비용도 없으니 건설비는 1.5억 달러보다 한참 낮을 것이다. 로켓제작에 3억이라 했는데 3년 전 실험위성을 올린 은하2호를 발사한 북이니 그 비용이 9천만 달러 이하일 것이라고 사계의 전문가는 말한다.

또 인공위성 제작비용이 1.5억 달러라니 그렇다면 남의 최첨단 아리랑 위성 급과 같다는 것을 자인하게 되는 것이라 자신들이 말해 놓고도 멀쑥해 지기도 했다. 그래도 총계는 4억 달러 이하가 된다. 그러나 북 과학자의 연봉, 원료와 부품비용 등을 고려해 보면 총 경비는 과대선전 하는 8.5억이 아니라 2억 달러 미만이라고 전문가들은 말한다. 그러나 수구언론에 이런 분석들은 보도 되지 않는다.

인공위성의 경제적 파급효과는 대단한 액수인데 이에 대해선 말 한마디 하지 않았다. 광명성 3호-2기의 성공적인 궤도진입으로 북은 5억 달러 정도의 경제적 효과를 얻었을 것이라고 한다. 즉 2억 미만의 투자로 3억 달러 즉 150%의 순이익을 얻는 황금알을 낳는 거위인 것이다.

남녘의 아리랑, 천리안, 무궁화 위성과 같은 황금알인 것이다. 근년에 북은 이런 문제에 초연한 자세로 묵묵히 자신들의 행보를 진행하고 있는 모습이다. 북의 관리들 말에 의하면 남녘 사람들이 허무맹랑한 보도를 믿는다면 그들이 바보일 뿐이라고 했다.

통일을 이루어야 할 상대를 이렇게 사악한 집단으로만 매도하다 보면 누가 그런 상대와 함께하고 싶겠는가? 남은 북 인민들의 마음을 얻어야 하고 북은 남 국민들의 마음을 얻어야 서로 그런 상대와 함께 말도 하고 밥도 함께 먹으며 친하게 되는 것이다. 서로 욕하며 친해 질 수는 없지 않은가. 그래도 다행인 것은 남북 모두 통일은 해야 한다니 진정 그러려면 상대방과 자신을 알고 역지사지의 정으로 서로의 마음을 사야 한다. 우선 잘못 알고 있는 점을 고치고 상대방의 좋은 점을 서로 찾는 데서 통일 연습을 해보자.

---

*위는 저자의 [Corea통신] 글에서

서글픈 분단국의 천안함
침몰 | 폭침?

2010년 3월 한 밤중 한미합동해상군사훈련에 참여한 남측 초계함 천안함이 서해 백령도 해역에서 46명의 병사와 함께 침몰했다.

천안함은 적의 잠수함 잡는 대잠훈련을 하던 중 선체가 두 동강이 나며 침몰했다고 한다. 여러 언론들은 이 사건은 북과 연관되어 있을 것이라고 예측 했다. 그런데 북측은 자신들과는 무관하다고 했다. 남측에 무슨 나쁜 일이 일어나면 반사적으로 북의 소행일 것이라는 심증이 가는 게 분단조국 남북관계의 현실이다. 남측에서 예상하는 대로 이번 사건이 북측의 소행이라면 북측의 반응은 예상 밖이다.

왜냐면 북 잠수정이 한미합동 해군이 적의 잠수함을 탐지해 격침시키는 훈련을 하는 그 탐지 · 감시망은 치밀했을 것이다. 그런데도 감쪽같이 들키지도 않고 천안함 가까이 접근해서 단 한방의 어뢰로 남측 초계함을 폭침시키고 유유히 본대로 귀항

했다는 얘기가 된다. 그러니 세계 최강의 미국 해군을 젖히고 혁혁한 전공을 세운 북은 소리 높여 크게 승리 했다고 자랑할 법한데 반대로 안 했다고 한다. 모를 일이다

남측 민관 및 국제조사단이 합동으로 조사하고 난 뒤 발표한 결론은 침몰이 아니라 북측의 어뢰에 피격 되어 폭침되었다고 했다. 이에 북측은 즉각 부인하며 조사단을 남측에 파견하겠다고 했으나 받아 들여지지 않았다. 북측 조국평화통일위원회 군사 논평원은 조사단 발표의 조목마다 짚어가며 허위/조작이라고 했다. 진위를 가리기 위해선 피해자가 주도한 조사가 아니라 객관적이고 과학적인 조사가 필요할 것이다.

북측은 이번 발표를 남 · 미 · 일이 조작하고 국제사회를 통해 북에 제재를 강화하려는 모략이라며 북남관계 전면폐쇄, 북남 불가침 합의 전면 파기, 북남 협력사업 전면철폐 선포로 맞받아쳤다. 북측에선 전시체제에 돌입했다는 소식이 들리는 반면 남측에선 주가가 폭락하고 달러환율이 폭등하고 신용등급이 낮아졌었다. 북에 퍼준 돈이 10년에 수십억 달러였다면 이번 사태로 남측이 하루에 손해 보는 돈은 수십억 달러 임을 보여주고 있다.

결국은 이 사태에 대해 남녘 국민들의 생각이 어떠한 것인가가 중요하다. 그들이 자신들의 장래를 결정하는 선택권을 가지

고 있기 때문이다. 굳건한 동맹으로서의 미국이 어떻고 또 중국이나 러시아의 태도가 어떨 것이냐는 것은 모두 2차적인 일이다. 전체주의 북측의 경우는 당정군민이 하나의 목소리로만 나오는 곳이니 더 궁금해 할 것은 없다.

남측에서는 이번 사태는 김대중·노무현의 화해협력정책으로 안보의식이 해이해진 결과로 보고, 육·해·공 3군을 다그치며 국방예산을 대폭 늘려 최신무기 도입, 한미동맹강화, 작전권반환 연기 등으로 바빠 보였다. 한편에서는 10.4 선언의 서해평화지대가 되었더라면 이런 일은 일어 나지도 않았을 것이라고 했다. 그러나 수구세력이 퍼주었기에 돌아온 것은 핵이라 했는데 이번에 천안함 폭침이 하나 더 추가되었다.

남측 조사단의 발표 이래 많은 남녘 시민사회에서는 여러 정황과 증거 등을 들어서 이번 사건은 폭침이 아니고 좌초일 가능성을 제기 했다. 뿐만 아니라 이스라엘 잠수함과 추돌했을 것이라는 분석도 나왔다. 이렇게 침몰이냐 폭침이냐로 중론은 분열되어 있다. 그런데 이런 과학적 분석 조사결과에 대해 과학적인 견해를 밝히는 소리는 하나도 들리지 않았다.

그러나 해외동포 사회에서 과학적인 견해가 나왔다는 것은 여러 면에서 앞으로도 바람직한 일이다. 물리학을 전공했던 재미동포 서재정 교수가 조사단 발표에 의문을 제기했고, 재미동포 이승헌 물리학 교수는 남측이 내 놓은 증거자료들은 어뢰에 의한 폭발의 증거가 없다는 것을 세계 유수의 과학학술지에 발표 했다. 그리고 재 캐나다 동포 양판석 교수도 과학적 실험으로 같은 견해를 발표했다. 이들은 학자적 신념과 양심에 따라 용기 있게 나선 분들이다. 세계 어느 학자도 이들의 실험결과에 의문을 표하지 않았다.

과학의 수준이 높은 세계 제1의 조선업 국가 남녘에 이 사건에 대한 나름대로의 견해가 있을 물리 · 공학자가 왜 없겠는가? 허나 한 양심적 학자가 폭침의 증거가 없다고 한 것 이외에는 아무도 견해를 표하지 않았다. 나아가 어느 물리학회나 공학학회도 찬반의 견해를 내놓지 않았다. 이는 분단 조국의 서글픈 자화상이다. 2011년 이승헌 교수의 저서 「과학의 양심, 천안함을 추적하다」에서 그는 '자료 조작혐의의 진상은 과학의 재현성 때문에 꼭 밝혀진다. 이것은 이명박 정권이 한국사회에 준 고마운 과학적 선물'이라고 했다.

진위는 밝혀질 것이다. 진상규명의 재판도 계속되고 있는 중이다. 1964년 통킹만에서 미국 구축함이 북 베트남 어뢰정에 피격되었다는 이유로 베트남 전쟁에 뛰어 든 미국이었다. 이러한 현상은 20여 년 뒤 어뢰정 공격은 허위로 밝혀졌다. 6자회담에서 북과 미국이 벌려온 평화협정/ 핵개발 논쟁과 타협의 과정에서 모든 합의 사항을 어긴 쪽은 북이라고 남녘 수구언론은 보도

해 왔다. 6자회담의 회원국으로 이런 과정을 함께 토의하고 실행하며 지켜본 남한도 진실을 알았을 것이다. 그러나 아무 말도 안 했다. 미국의 국익이 남한의 국익이라 생각한 모양이다. 이 또한 분단국의 서글픈 자화상이다.

천안함의 진실이 밝혀지는 날 조국의 과학계는 새로 탄생할 것이다.

---

*위는 저자의 [Corea통신] 글에서

연평 포격전을 보는 시각

서해의 NLL(Northern Limit Line, 북방한계선) 문제로 1999년 이래 3차례 남북 해군함선 사이에 해상교전이 있었다. 2010년 11월23일에는, 연평도 해역에서 처음으로 남과 북 영토에 포격전이 일어났다.

남측 보도는 "북이 포탄 수십 발을 연평도에 발사해서 남측도 북 영토에 대응사격을 하였다" 라는 것이었다. 북은 "북침전쟁연습인 호국군사연습을 벌리는 동시에 연평도에서 포격을 계획한 것과 관련 우리 군대는 우리측 령해에 한발의 포탄이라도 떨어지는 경우 즉시 대응타격을 가할 것이라고 여러 차례 경고하였기에 대응사격 하였다"라고 했다.

연평 포격전의 아침, 남북군사회담 북측단장이 남측에 연평도에서의 포격 계획을 중지할 것을 다시 촉구하는 전통문을 보냈다. 그러나 남측은 물론 계획대로 2천 발의 포격을 NLL서쪽과 남쪽 바다로 했고, 북측은 남측의 포격 발원지인 연평도 진지와 해역에 170발의 대응사격을 했다. 이에 남측은 정확하지도 않은 정보에 따라 북 해안영토에 80발의 포격을 했다. 이 포격으로 인해 남측에는 4명이 사망했고 민가들도 피격되었다.

북측에 인명이나 민가 피해가 있었는지는 알려지지 않았다. 사망자 중 두 명은 남측 해군진지에서 일하던 민간인이었다. 남북은 일촉즉발의 대결상태로 진입했고 연평도민은 대피되었다. 정전 이래 처음일지도 모를 방공호 대피 훈련까지 하게 되었다.

그러면 이 NLL의 역사는 어떻게 되어 있기에 이런 문제가 빈발하는가. 1953년 7월 27일 정전협정에는 지상과 동해해상의 군사분계선은 규제했지만 서해해상군사분계선은 결정하지 못했다.

그 내역은 정전협정 13항에;

1) 서해의 황해도와 경기도 경계선의 연장선 북쪽과 서쪽의 모든 섬들과 수역은 북측의 군사통제하에 속하며 유엔군측은 북측수역에 위치하고 있는 백령도, 대청도, 소청도, 연평도, 우도 등 5개 섬들만 관할한다로 되어 있다.

- NLL(북방한계선)은 정전협정 당시가 아니고 한 달 뒤인 8월 30일 유엔군 사령관 클라크가 이승만 정부의 단독북진에 의한 전쟁재발과 어민들의 북행 길을 차단할 목적으로 북측 관할수역에 위치하고 있는 5개 섬 주변에 북측과 협의 없이 일방적으

로 설정한 남측의'최종월북차단선'이다.

북은 1973년 군사정전위원회에서. 또 1977년 인민군최고사령부 이름으로 해상경계선을 설정 한다며 서해에서의 영해권을 선언했다. 이에 1975년 당시 미국 국무부 장관 키신저는 북측의 동의 없이 일방적으로 설정한 NLL은 국제법적으로 또 미국 정부법에도 어긋난다고 했다.

그러나 북측 영해수역에 위치한 5개 섬이 유엔군측 관할 하에 있는 상태를 쌍방이 묵시적으로 유지되어 왔다. 그런 가운데 어선의 월경, 함정의 수역침범 등의 문제가 일어나곤 했다. 드디어 1999년 6월, 연평도 해상에서 처음으로 남북 함선 사이의 교전이 일어나 북측 함정이 침몰되고 남측 장병이 부상을 당한 1차 교전이 있었다.

그 뒤,

2) 1999년 9월2일 북 인민군총참모부는 정전협정과 국제법에 의거해 황해도와 경기도 경계선을 연장한 선의 북쪽 해상수역을 조선인민군측 해상군사통제수역으로 선포하며 '북방한계선(NLL)'을 무효화 했다.

이러한 북측의 영해 선포로 NLL을 고수해온 남측과 상충하게 되었다. 2000년 6.15 남북공동선언 뒤인 2002년 6월, 연평도 해상에서 남북함선 사이의 제2차 교전이 벌어져 이번에는 남측 해군 6명이 전사하고 18명이 부상 당하고 남측 함정이 침몰되었다. 화염에 싸여 퇴각 했다는 북측 함정이나 인명의 피해 상황은 알려지지 않았다.

이런 문제로 인해 2007년 10.4선언에는 「서해평화협력특별지대」 구상이 포함 되었고, '해주경제특구'와 '공동어로'구역 설정 등이 마련 되었다.

서해는 평화의 바다가 되는 듯 했다. 그러나 2008년 '비핵·개방·3000'정책을 내세우며 출범한 이명박 정부 이래 두 남북공동선언이 부인되고 합의사항은 실천되지 못하고 대립은 심화되어 왔다.

2009년 11월에는 남북 함선 사이의 3번째 교전이 대청도 해상에서 일어나 남측 피해 없이 북측 함선의 피해와 전사상자가 있었던 것으로 보도되었다.

이번에 북측이 결연한 태도로 '연평도가 북측 영해 안으로 깊이 들어와 위치한 지리적 특성으로 그곳에서 포격을 하면 어느 방향으로 쏘든 포탄은 북측 영해에 떨어지게 되어 있다'는 입장을 고수했다. 하여 사전에 경고했던 대로 자위적 조치로 발원지에 포격을 가했다는 주장이다.

남측의 입장은 북방한계선이 실질적으로 북에 의해서도 오랜 기간 지켜져 왔었다는 주장이다. 한편 북측은 이번에 "적들이 노린 속셈은 우리의 물리적 대응 조치가 없는 경우 우리가 섬의 주변수역을 저들의 '영해'로 인정했다고 오도 하려는데 있었다" 라고 했다. 남측은 이번 도발은 3차 교전 패배 설욕을 위한 의도였다고도 했다.

양측 견해를 역지사지의 입장에서 보며 자기 판단력을 높이고 역사인식과 시대인식을 올바르게 하려는 노력이 있어야겠다. 그러면 우리민족끼리 풀어가야 할 것이 무엇이며 또 어떻게 해야 할 것인가에 대한 견해도 명료해 질 것이다.

이 글은 사건 당시에 쓴 것인데 2012년 남녘 대통령 선거 때부터 NLL 문제를 엉뚱하게 정략적으로 이용하더니 2013년 봄에는 2007년 10.4선언 남북정상 대화록을 국정원이 자의적으로 공개하는 사상 초유의 변칙적 작태마저 일으켰다. 노무현 대통령이 이번과 같은 사건을 방지하고 남북이 공생·공영의 원칙에서 이 지대를 서해평화특별지대화 하려는 노력을 남측 영토의 포기라는 기상천외의 발상으로 대통령선거 정국에 이용했다. 앞으로 이런 나라와 상대해야 할 외국정상들의 심기는 어떠할까?

---

*위는 저자의 [Corea통신] 글에서

어느 북녘 지성인의 편지

Corea통신 11-8]

2011년 6월 초순 평양의학대학병원에서 인공관절수술을 집도한 후 곧바로 서울로 향했다. 한겨레 통일문화상을 받기 위해서였다. 그 뒤 미국으로 귀국하여 북녘 인사들과 메일을 교신하는 중에 한 통의 편지를 받았다.

편지의 주인공은 북한에서 바라보는 세계의 눈을 솔직담백하게 들려주는 것 같았다. 혼자 보기에는 너무나 아깝다는 마음에 이 편지내용을 공개하고자 한다.

더구나 아직까지 남녘에서는 북녘 당국의 공식발표만 보아 왔을 것이기에, 북녘 인사 개인의 편지 내용도 접할 수 있다면 겨레가 원하는 민족통합의 날에 도움이 될 수도 있다는 생각도 들었다. 허나 동시에 이 편지 공개로 편지의 주인공인 북녘 지성인이 북에서 불이익을 당하지나 않을까 하는 우려도 있다. 그 우려의 마음은 일단 접기로 했다.

–

6월20일 서울에서 귀국해 시간 차 극복하려 노력 중입니다. 통일문화상 수상기념 강연원고「조국의 남과 북에 드리는 말씀」을 첨부하니 모두들 살펴보시고 혹평 악평은 언제나 더 환영하니 한 말씀씩 해 주시기 바랍니다.

오 인동 (2010-06-23)」

–

내가 위 메일을 보내고 난 뒤 같은 날 밤, 메일 한 통이 왔다. 내 강연 원고를 읽고 답장을 보낸 편지의 내용에 나는 깊은 감동을 받았기에 편지의 내용을 감히 공개하는 바이다.

–

오인동박사님, 안녕하셨습니까.

이번 방문도 보람이 있으셨다면 참 잘 되였습니다. 지구반대쪽에 다녀가셔서 시차극복을 하셔야 했고 돌아 가셔서 다시 시차극복을 위해 수고를 하시게 되셨습니다. 많이 힘드셨지요? 시차극복이라는 말에《때 시》가 아니고《볼 시》로도 생각해보았습니다.

미국사람들은 다른 사람의 신발을 신어본다고 표현하던데. 외견상 관측이란 어디까지나 객관이며 주로 외적 표현에 많이 의존하는 것이므로 자칫하면 필연성과 본질은 그냥 스쳐 지나기 쉽지 않겠는가 하는 생각, 보편적인 가치관도 있지만 체제나 리념, 사는 방식 등으로 일컬어지는 문화가 서로 차이는 있다 해도 그 고유한 가치에 대해 외견상, 또는 그것을 달리 하는 사람들이 이렇다저렇다 한다 해서 그 가치가 무의미한 것이겠는가 하는 생각 등 복잡한 생각을 해보았습니다.

보내주신 박사님의 글을 잘 보았습니다. 귀한 글이라고 생각합니다. 사랑과 관심, 위하는 마음에서 소리를 치시는 박사님의 목소리가 그대로 들려오는 듯 했습니다. 앞으로도 그러한 충정의 진언을 많이 해 주십시요. 박사님께서도 지적하셨듯이 자기를 세상에 알리는 것은 매우 중요한 문제라고 생각합니다. 지금까지 북에서는 자기 자신을 세상에 알리지 않으려고 한적은 없습니다. 알리려고 목청껏 소리를 쳐도 듣지 않고 귀를 막아버리고 다른 사람들도 못 듣게 하고 저들 하고 픈 소리만 하고 그것을 믿으라고 하였습니다. 성서에도 보지 않으려는 자만큼 소경이 없고 듣지 않으려는 자만큼의 귀머거리가 없다고 한 바와 같이 바로 북에 대해 미국과 서방이 그러했으며 자기뿐 아니라 남도 그렇게 하게 하였습니다.

북이 말하면 꼭 반대로 뒤집어 말 하곤 하였습니다. 개혁 · 개방도 북이 하지 않은 것이 아닙니다. 다만 미국과 서방이 원하는 방식의 개혁 · 개방이 아닐 뿐 입니다. 설사 한다 해도 주인이 자기의 필요에 의해 하고말고 하는 것이 아니겠습니까. 북도 세계와 함께 나누며 화목하게 함께 살고 싶고 그렇게 하기 위해 시종일관 노력해왔습니다. 다만 미국과 서방이, 대국들이 하라는 대로만 따라야 하는, 주권국가란 명색뿐인 그러한 개혁과 개방이 아닐 뿐 입니다.

일제강점 하에 우리 인민들이 소나 개와 다름없는 굴욕을 당할 때, 같은 민족이라고는 하지만 민족의 얼이라고는 티끌만큼도 없는 자들이 친일의 대가로 부귀영화를 누리며 불쌍한 우리 인민들을 착취하고 유린할 때 이 나라의 젊은 아들딸들은 목숨 걸고 나라를 찾기 위해 총 잡고 나섰고 수 십 년을 풍찬로숙 하면서도 착취 없고 다같이 잘사는 화목한 나라를 건설할 꿈을 품고 세운 나라가 바로 조선민주주의인민공화국입니다.

친일 하던 자들이 친미로 둔갑하여 나라의 반쪽을 외세에 맡겨버릴 때 어제 날 총 잡고 만주벌판에서 일제와 싸워온 투사들은 어제 날 돈 없고 권세 없던 불쌍한 인민들을 위한 나라를 세우고 토지개혁, 로동법령 발포도 하면서 그들을 위한 정치를 펴왔습니다. 그동안 끊임없는 외세의 간섭과의 피 타는 투쟁을 해오면서 지켜왔습니다. 외세의 간섭을 반대한 것이 《폐쇄》나 《개혁, 개방》을 하지 않는 것으로 된다면 결국 그것은 외세가 마음대로 롱

락하고 유린하도록 방치하는 것이 개혁, 개방으로 된다고밖에 할 수 없을 것입니다.

중국은 큰 나라입니다. 대만도 중국과는 경쟁자가 못되며 큰 본토의 부분일 뿐 입니다. 불행하게도 우리 나라는 작은 나라로서 둘로 분렬되여 있고 서로 반대의 체제를 유지하고 있습니다. 한쪽은 어머어마한 힘을 가진 세계 유일초대국의 후원과 극진한 보살핌을 받고 있으나 다른 반쪽은 그 어마어마한 세계유일초대국과 감히, 직접 맞서 자신을 지켜오고 있습니다. 어제 날 투사들의 그 꿈이 소중하지 않다면 허리띠를 졸라매며 그토록 고생스럽게 지켜야 할 리유가 없을 것입니다. 그 어마어마한 힘도 모자라서 이 세상에서 힘이 있다고 자처하는 나라라면 누구나 다 그 자그마한 반쪽의 나라를 없애버리려고 떨쳐 나섰습니다.

왜냐면 그 나라는 비록 작지만 《창해의 일속》이라고 하던 그 투사들이 제국주의적 지배를 반대하여 감히 《대일본제국》의 《무적황군》과 맞서 수십 년을 싸워온 것처럼 그리고 그 배짱으로 일제의 것과 다름이 없는 그 제국주의적 지배를 반대하여 세상의 유일 초대국과 맞서서 자신을 지켜오기 때문입니다. 북이 미국과 서방에 대해 선택에 의한 페쇄를 하였다면 아시아, 아프리카, 라틴미주의 수많은 3세계나라들과의 광범하고도 긴밀한 관계, 3세계운동에서 권위 있는 중심적인 역할을 한데 대해서도 마땅히 살펴보아야 할 것입니다.

북은 자기의 고유한 리념으로부터 언제나 착취 받고 억압받는 나라들의 편에 서서 미국과 서방의 3세계나라들에 대한 지배와 예속, 착취를 반대하는 투쟁에서 언제나 선봉적 역할을 해왔으며 가난하고 억압받는 3세계 나라들이 제국주의의 희생물로 되지 않도록 진심으로, 물심량면으로 도왔습니다. 미국사람들이 인종주의, 인종배타주의가 나쁜 것이라는 것을 안다면 극심한 문화적 배타주의, 리념적 배타주의, 정치적 배타주의, 자기를 따르는 나라는 좋고 옳은 나라, 그렇지 않으면 나쁘고 틀리며 없어져야 할 나라라고 한다면 그 위선의 시작은 어디고 끝은 어디겠습니다.

미국의 건국리념의 기초로 외우는 바와 같이 사람이 평등하게 태여 났다면 인민도 평등하게 태여 났고 그들이 문화도 평등한 것이 아니겠습니까. 이 세상은 미국만을 위한 세상이 아닐 것입니다. 그들의 사는 방식만이 유일하게 지배해야 하고 그것이 만고의 진리로, 절대가치로 되여 다른 이의 체제나 문화는 아주 송두리째 없어져야 하며 자기 말을 따르지 않고 자기를 닮지 않으면 페쇄며 불량국가로 되여야 한다는 관점을 북은 절대로 받아들이지 않을 것입니다.

세상은 미국만을 위한 것이 아니며 미국의 가치만이 절대가치가 아니며 그러한 관점에서 북을 평가한다면 북은 틀림없이 가장 페쇄적이고 가장 완고한 세계 제1의 영원한 《불량국가》일 것입니다. 북이 간단히 《우리 식》이라고 요약한 그의 가치관은 바로 그 것입니다. 박사님께서 너무도 잘 아시는 것을 제가 두서없이 횡설수설한 것을 용서 하십시요.

글을 읽기만 하는 것 보다 독자로서도 독자의 반향이라는 것도 듣고 싶으실 것 같아 주제넘게 적어보았습니다. 잘못된 것이 있으면 지적해 주십시요. 북을 바라보는 미국과 세상사람들(물론 전부가 아니지만)의 마음이 얼마나 안타까운지, 다는 몰라도 미국과 그 비슷한 나라들, 그 사람들을 바라보는 북의 인민들의 마음은 참으로 그지없이 안타깝습니다.

감사합니다.

–

위 편지를 받은지도 한달 반인데 어제 불현듯 생각이 떠올라 이 교신을 [Corea통신]으로 남북해외 6.15위원들과 지인들에게 내보냈다. 이러한 북녘 개인들의 글은 더 많이 남녘과 미국 주류 사회에도 알려지고 또 발표 되어야 한다는 생각에서였다. 이 분은 내가 만난 북녘 인사 중 매우 순박하고 해박한 분으로 진지하고 성실한 지성인으로 영어에도 능통한 관리이다. 이분의 주장이나 사고가 다르면 다른 대로 저들도 우리의 사고와 주장을 달리 볼 테니 서로가 대화로 교신으로 소통해 간다면 남과 북의 간격은 점차 좁혀질 것이다.

내가 말하는 인연-소통-신뢰이다. (2011-08-05)

---

*위는 저자의 [Corea통신] 글에서

2부

평화체제의 꿈

– 남북 연합방

남북 경제공동체 청사진

해방과 분단 67년, 정전한지도 60년이다. 조국의 남과 북은 아직도 반목, 대결 하며 전쟁 위기 속에 살고 있다. 북에 가보면 인민들은 통일을 입에 달고 사는 모습 이고, 남에서는 통일 얘기 보다는 윤택한 경제여건을 즐기기 바쁜 듯 하다. 그래도 통일은 해야 한다고들 한다. 남에서는 북의 독재, 북에서는 남의 미제 때문에 안 된다고 한다. 그럼에도 밖에서 조국을 보는 해외동포에게는 통일의 가능성이 보인다. 특히 2010년대 동북아 군사경제 형세로 보아 남과 북이 한번 마음 먹고 시작만 하면 찬란한 통일조국의 앞날이 보이기 때문이다. 다만 그 길로 발을 내딛지 않고 있는 남 · 북이 안타깝다.

나는 미국을 40여 년 살아온 정형외과의사이다. 1992년 처음 재미한인의사회 학술교류 방문단으로 북에 다녀 왔다. 그 뒤 인공관절치환수술을 전수하려 평양의학대학병원을 드나들며 고향인 남녘과 타향인 북녘 동포들을 보아왔다. (「평양에 두고 온 수술가방」 -의사 오인동의 북한 방문기- 창비, 2010) 남에서나 북에서나 사람들은 누구나 잘 먹고, 잘 놀고 쉬며, 마음 편하게 일하며 살고 싶어 한다. 하여 늘 사람들 마음 속 앞 자리에 오는 경제 문제를 통일과 연계해서 생각해 보았다.

현재 북에 비해 경제적 풍요가 수십 배나 되는 남녘 사람들은 가난한 북을 도와가며 통일 하려면 남도 어려워 진다고 한다. 과연 그럴까, 사실은 그렇지 않다는 말을 전해 주고 싶다. 어려워지기는커녕 남과 북은 더 잘 먹고, 더 잘 놀고, 더 마음 편하게 살게 될 것이다. 남북 경제공동체를 시작하면 민족사상 유례가 없는 경제부흥을 이루게 된다는 사실을 왜 깨닫지 못하는지 안타까울 뿐이다.

지금 남과 북의 경제사정을 살펴보면 경제강국을 자임하는 자본주의 남에서는 실업, 양극화, 가계부채 등 민생복지 문제를 고민 하고 있다. 한편 군사강국을 자임하는 사회주의 북은 핵무력과 경제건설을 병진해서 인민들의 생활 향상을 해 나가겠다고 한다. 남과 북이 동시에 민생경제를 고민 하고 있다. 남북이 함께 고민하며 남북경제공동체를 운영하면 당면한 문제들을 해결할 수 있다. 즉 6.15선언정신에 따라 남과 북의 현 체제와 정부를 유지한 채 "남의 연합제와 북의 낮은 단계 연방제"의 공통성에 맞게 내가 주장해온 통일의 첫 단계인'남북 연합방을 합의하면 된다.

'연합방'한다는 것은 남과 북이 평화를 이루는 것이고 이는 이미 해본 일이다. 과거 10년(1998~2007) 동안 남북이 교류 · 협력 · 왕래 하던 시절로 돌아가면 된다. 돌아가되 이번에는 다시는 되돌릴 수 없게 그런 '남북연합방 경제체제'를 제도화 하자는 것이다.

나는 남 · 북 · 해외의 통일 · 경제전문가들의 연구업적을 섭렵하고 종합해서 얻은 나름대로의 꿈과 희망의 청사진을 2012년부터 조국의 남과 북에 얘기 해왔다. (「2013년 조국의 남과 북에 바란다」, 2012년 10월 오마이뉴스) 누구나 짐작하는 대로 남의 자본, 북의 토지 · 자연자원, 남북의 기술 · 인력은 분단 이래 한번도 바르게 써 보지 못한 우리 겨레의 기본자산이다. 이 자산을 활용해 경제공동체 운영을 10년 정도하면 현재 남 GDP 1조 달러가 시작연도와 비교해 2배 이상으로 늘어 난다. 1인당 소득 2만 달러도 불변가로 2배 이상 즉 현재 미국 이상이 된다. 남의 2% 대 경제성장률은 10% 정도로 올라갈 수 있고 북의 성장률은 남보다 더 높은 수준에서 시작하게 된다. 하여 남의 민생복지 문제가 향상되고 북의 인민생활은 급격히 풍요하게 된다. 어떻게 이렇게 될 수 있는지 하나씩 짚어가 보자.

남북경제공동체운영을 시작하면 먼저 해야 할 일이 열악해진 북의 생산활동여건을 개선해야 한다. 즉 사회 기본시설인 도로,

철도, 교량, 항만, 공항, 전기, 우편, 방송통신, 상하수도, 도시가스, 경공업, 중화학공업, 산림녹화 등 사회간접자본을 확충해야 한다. 이런 전국 규모의 토목건설사업을 하는 데는 물론 자본과 인력이 필요하다. 자본은 남이 투자하고 인력은 남북이 충당하면 된다. 그러면 이런 민족적 대사업을 하는데 투자 해야 할 연합방 경제공동체 운영 자본은 얼마나 되는 것 일가?

여러 국내외 통일전문가들의 연구에 의하면, 차이가 크지만 대개 연 1천억 달러 내외라고 한다. 그런데 우리 겨레가 처한 남북의 고유한 여건에서 최소화할 수 있는 방법으로 추산해 보니 남측 GDP의 6.5~7%, 즉 675억 달러 정도가 된다. 이는 완전통일 시기를 기준으로 한 것이다.

연합방 경제체제에서는 더 적게 들 것이다. 남의 자본으로 북에 기본시설을 확충하는데 필요한 시설자재와 인민 생활소비품은 물론 기본시설이 잘 갖춰진 남녘에서 생산하고 조달하게 된다. 하여 시설자재와 생활소비품을 더 많이 생산해야 할 남녘에 갑자기 엄청나게 많은 일거리가 생긴다. 전 국토에 기본시설을 개선하고 확충하는 일거리는 북에 더 많아진다. 이 남과 북의 일자리들에 방대한 인력이 필요하다. 남의 실업자와 비정규직을 다 고용하게 되니 실업은 해결된다. 그러나 인력은 훨씬 더 필요하니 조달 방법을 마련해야 한다.

전쟁 뒤 남북에, 세계 어느 나라 보다 과도하게 쏠려 있는 비생산적 소모인력이 바로 군대이다. 남에 69만, 북에 117만 합해서, 인구 1억도 안 되는 나라에 180만 명이 국방에 종사하고 있다. 세계를 주도하는 3억 인구의 미국은 140만, 지구 최대 13억 인구의 중국은 230만 밖에 안 되는 병력인 사실을 직시해야 한다. 그래서 '연합방 경제공동체'를 합의하면 병력을 각기 15-20만으로 줄이자는 것이다. 해서 전역장병을 산업인력으로 전환하면 모든 일자리를 메울 수 있다. 뿐만 아니라 북의 기본시설 확충에는 남에서 일찍이 은퇴한 유능한 전문가들도 복직 되어 북에 파견되기도 할 것이다. 남북 연합방 경제공동체를 위해서도 양측의 병력 감축은 당연하지만 산업인력 확보를 위해서는 피할 수 없는 조치다.

북의 사회기본시설이 확충되어 가면서 생산활동도 활발해 진다. 다른 나라, 다른 땅에 건설하는 것이 아니고 우리나라, 우리 땅에 세워 통일조국으로 가는 길에 기여하게 된다. 결국은 남북 우리 겨레가 향유할 자산이다. 이렇게 되면서 더 좋은 일들이 저절로 따라 온다.

첫째, 남에서 전역된 50여 만 명이 새 직업에 종사하면 GDP 2%, 즉 200억 달러 국가실질 소득을 추가하게 된다. 이렇게 되는 이유는 현재 남의 3-4% 실업률로 인해 감소된 국가소득을 기준으로 새로 취업한 근로인력의 생산성을 계산해서 나오게 되는 수치이다. 북의 90여 만 명 병력의 산업인력화도 큰 소득 증가를 북 경제에 더하게 됨은 물론이다.

둘째, 이렇게 되니 남에서 병역 의무제는 모병제로 바뀔 수 밖에 없다. 하여 군대는 소수 정예로 발전하게 되고 우대직업이 된다. 북에서도 물론 마찬가지이다. 남과 북의 징병제는 20-25세 청년들의 생산적 사회진출 연령을 지연시킨다. 뿐만 아니라 청춘들이 학업과 다양한 문화, 예술, 체능, 기술 분야에서 중단없이 매진할 수 있다. 하여 세계적 명성을 떨칠 인재육성, 장래 문화국가 발전에도 크게 기여할 것이다.

셋째, 남북경제공동체는 나라와 나라 사이가 아니고 민족경제공동체 교역이다. 즉 1992년「남북 기본합의서」에 있는 '통일을 지향해 가는 과정에서 형성되는 민족내부의 특수교역' 이다. 이런 이점을 살리기 위해서는 기본시설확충에 필요한 시설자재나 인민들의 일상생활소비품 가운데 필요 불가결한 것 외에는 80% 이상은 남녘에서 생산한 물품을 써야 한다. 즉 국산품 쓰기 정책이다. 그러면 연합방 투자비용인 남 GDP의 6.75%(675억 달러)×80%=GDP 5.4% 즉 540억 달러 실물 생산량이 증가하게 된다. 대단한 추가 소득이 아닌가?

이 5.4%와 앞에서 말한 병력 산업화에서 얻는 2%만 합해도 GDP 7.4%가 되어 연합방 투자비용 6.75%보다 더 크다. 여기에 남의 현재 경제성장률 2.5%정도를 더하면 10% 정도의 경제성장을 하게 되는 것이다. 즉 시간이 지나며 연합방 비용은 차차 없어지는 것이다. 그러나 이 민족 내부거래는 남북이 힘 합쳐 국제기구와 미리 조율해야 한다. 할 수 있고 또 독일 통일 전 동서독 기본조약에 따라 민족내부교역으로 인정되었듯이 반드시 그렇게 해야 한다. 남북의 독특한 '연합방 경제체제'는 한 나라라는 인식을 굳게 가져야 한다.

우선 남북이 평화 하기로 합의해서 병력도 감축했으니 당연히 국방비도 줄어들게 된다. 예컨대 총투자재원 (GDP의 6.75%) 중 일부는 남측 국방비 GDP 3% (300억 달러)를 1.5%로 줄여서 생기게 되는 150억 달러로 한다. 2차 대전 뒤 일본은 GDP 1% 국방비로 세계 제2 경제대국이 되었다. 통일한 독일은 1.4% 이고 1% 이하인 나라도 많다. 북도 북의 몫을 똑 같이 해야 한다. 확고한 신뢰의 '남북 연합방 경제공동체제'를 계속하며 차차 군사비를 1%로 축소하지 못할 이유도 없다.

그러면 연합방 경제공동체운영에 필요한 재원 675억 달러를 어떻게 마련해야 하는지 살펴보자. 우선 군비축소로 생기는 150억 달러(GDP 1.5 %)에 장기저리 국제차관 100억 달러를 들여오고, 통일국채 300억 달러를 발행하고, 세금은 100억 달러(GDP 1%)만 해도 합계가 650억 달러(GDP 6.5%)가 된다. 이만한 재원은 남이 충당할 수 있으며 장차 남북의 투자 이득은 처음 말한 대로 한 10년 뒤에는 남 GDP와 1인당소득은 두 배 이상이 된다. 동시에 획기적 경제부흥으로 높아졌을 북의 GDP까지 합하면 거대한 남북 연합방 총 생산량(GDP)을 낳게 된다. 찬란한 남북 연합방 경제공동체의 청사진이 아닌가? 어떻게 그렇게 되는지 더 자세히 살펴보자.

---

*참조 : 신창민, 이상만, 홍사덕, 홍성국, 조동호, 정갑영, 최성근, 권구훈 · Goldman Sachs, & 문정인 · 이상근, 조세연구소, & 안예홍 · 문성민, 최준옥, 김유찬, 현대경제연구원, P. Beck, 삼성경제연구소, C. Wolf · Rand, 통일부용역보고서-2011, 최경수, 곽동기, & 정세현, 이종석, 이재정, 임동원, 백낙청

---

*위 글의 일부 또는 많은 부분이 오마이뉴스(2012년 10월)와 한겨레신문(2013년6월)에 게재되었다.

남북 함께 이루는 경제대박

'통일비용'하면 흔히 독일의 경우를 예로 든다.

경제 차이가 1:3정도이던 동독 · 서독이 갑자기 통일하면서 화폐를 1:1로 교환하고, 근로임금도 동일하게 지급함으로써 막대한 재원이 들었다. 나아가 토지소유권 인정으로 양측 주민들 사이에 심한 갈등마저 겪었다. 그럼에도 통일한 독일은 지금 유럽 제1, 세계 제4의 부자나라가 되었다. 조국의 단계적 통일은 완전히 다르다. 즉 연합방 경제공동체는 남과 북 체제의 특성이 유지된 채이기에 여러 추가이득 마저 가져다 준다.

첫째, 사회주의 북의 토지는 국유이다. 그러므로 사회기본시설이나 상공업단지 건설부지 구입비용이 따로 없다. 여기에 더해 북의 땅은 12만 여 ㎢로 남 보다 24%나 더 크다. 뿐만 아니라 그 넓은 땅에 남 인구 5천만의 절반인 2,500만 명이 살고 있다. 남북 주민들의 거주이전의 자유가 허용될 통일의 날엔 또 하나의 축복이 아닌가?

둘째, 이러한 남북 연합방 경제공동체의 주민 7천5백만 인구는 노동력과 내수시장의 동시 확대로 인하여 물품 생산비 절약 효과를 가져오게 된다. 나아가 700만 재외동포를 포함한 8,200만 시장 "규모의 경제(Economies of Scale)"도 누릴 수 있다. 경제학자들이 말하는 인구1억은 되어야 의미가 있다는 수치에 가깝다. 경제 선진국 이탈리아의 인구는 6,100만, 영국은 6,200만이니 남북 연합방 조국은 6,400만. 프랑스 보다 크고 8,300만인 독일과 비슷하다. 하여 조국은 이제 작은 나라가 아니다. 벌써 세계5대국의 앞날이 눈에 어른거린다.

셋째, 경제공동체 관리체계는 남북 연합방 경제체제이니 당연히 분리 시행하게 된다. 남의 인력은 남에서, 북의 인력은 북에서 일한다. 다만 효과적인 생산성을 위해서 남북 전문인력의 교차는 있어야 한다. 어떻든 남은 남측, 북은 북측 기준에 걸 맞는 근로임금을 지급한다. 이렇게 주어진 남과 북의 국토/인구의 여건도 연합방 우리겨레가 획기적으로 성장 발전할 바탕이다. 그러나 좀더 넓게 조국강토의 자연자원으로 눈을 돌려 보면 더욱 찬연한 미래가 펼쳐진다.

첫째, 북의 지하자원은 남의 22~24배로 우라늄, 마그네사이트, 흑연, 아연, 희토류, 금, 중석, 철까지 8대 광물의 매장량은 세계10위권에 든다. 북의 지하자원 잠재가치는 1경 원 이다. 이

엄청난 자원을 남과 북의 동력과 기술합작으로 발굴, 개발해서 내수도 수출도 한다.

예컨대 남의 150배로 추정하는 철광석은 남의 세계 제1조선업계와 제5제차업계가 수입해서 쓰고 있다. 북과 합작하면 더 큰 수익을 올릴 수 있는 좋은 예 중의 하나일 뿐이다. 미국도 탐내는 마그네사이트의 유용성은 세계적이다. 또 세계 제1의 우라늄 매장량은 핵발전소의 거의 무한한 원료로 조국강토는 에너지자원의 보고이다. 최소 50억 배럴로 추정되는 북녘 해안의 석유가 시추되면 통일조국의 앞날을 더 뭐라 표현해야 할지 모르겠다.

둘째, 예컨대 금강산-설악산-대관령을 연계하는 천연자원을 활용한 관광수익도 다양한 승수효과로 경제성장동력을 더욱 증가 시킬 것이다.

백두산-묘향산-태백산-지리산의 연결도 우리 상상의 꿈을 돋운다. 그러나 이렇게 값지고 수려한 강토가 휴전선 철조망에 막혀 숨을 못 쉬고 있다. 하여 남녘은 섬 아닌 섬이 되었다. 남북연합방을 선포하고 철조망을 걷어내면 백두대간의 숨통이 트여 휴전선 넘어 남으로 한라산까지 간다. 북으로는 남에게 유라시아 대륙 경제 진출의 땅길, 하늘 길을 활짝 열어준다.

북에선 “자기 땅에 발을 붙이고 눈은 세계를 보자” 했다. 우리

겨레는 조국반도의 내재된 장점을 감지하지 못하고 지정학적(Geopolitical) 이유로 불이익만 탓 해 왔다. 가까이는 중국과 일본, 멀리는 소련과 미국의 대륙과 해양세력의 침탈로 고래 싸움에 새우 등 터진다는 운명적 고정관념에 젖어왔지만 앞으론 다르다. 남북연합방은 지경학적(Geoeconomical) 여러 이점을 제대로 활용하게 된다. 남에서도 "눈 더 크게 뜨고 널리 멀리 보자"해야 한다. 대체 무슨 이점들인지 들여다 보자.

첫째, 부산항을 통해 미 · 일 해양세력과 중 · 러를 비롯한 40억 인구의 유라시아 대륙을 남북종단(TKR) · 중국(TCR) · 시베리아(TSR) 횡단철도로 연결하면 조국은 동서세계의 물류중심이 저절로 된다. 왜냐하면 조국반도를 통해 이동하는 교역물품의 육로운송은 14일, 수에즈 운하 거쳐가는 해상운송은 45일이나 걸린다. 이렇게 현격한 차이로 인한 운송비용 절감으로 연합방 조국은 물류의 길목이 되고 만다. 이로 인해 동서교역은 자연히 확대되어 국제경쟁력을 강화시켜 준다. 그리고 가만히 앉은 채 연 $20억 통과 요금과 같은 추가 수입도 안겨준다.

둘째, 시베리아 천연가스관을 북을 거쳐 남으로 연장하면70% 저렴한 운송비로 남녘 에너지 자원을 확보하게 된다. 연합방 경제공동체 청사진은 감당 못할 통일비용이라고 잘못 알려진 통념과는 정 반대가 아닌가.

셋째, 부동항을 갈구해 온 러시아, 태평양 진출을 갈망하는 중국 동북지역의 활로는 북녘의 두만강 하구와 라진 · 선봉항에 달려 있다. 남북이 활용 해야 할 또 하나의 지경학적 이점이다. 이미 중국과 러시아의 진출은 시작되었다. 어서 남북연합방 경제공동체 운영으로 중국 · 러시아 일변도 경제지대가 되지 않도록 해야 할 때이다.

자, 이렇게 찬란한 연합방 경제체제의 청사진이 눈 앞에 있는데 언제부터 시작해야 할까? 한 마디로 경제공동체 운영의 시점은 빠르면 빠를수록 유리하고 미루면 미룰수록 불리 하다는 것이 통일경제 전문가 들의 공통된 연구결과 이다. 남이 좀 더 부자가 된 뒤에 통일(연합방) 해야 한다는 얘기는 전혀 근거가 없다. 쉽게 생각해도 분단비용은 그대로 써서 없어지는 소모비용이지만 연합방 하면 그 자리에서 그 비용이 그대로 이득 창출에 쓰이게 되는 것이다.

되새겨야 할 것은 연합방 비용은 통일의 날까지 한시적이고 연합방 이득은 민족만대에 계속 된다는 사실 이다. 21세기 오늘날 세계 수준에 오른 남의 전자통신산업, 전문경영실력과 북의 CNC, 핵 · 우주 과학기술의 비군사 평화적 보합은 문화자주국의 융성한 내일을 보장해 준다. 여기 제시한 Corea연합방(「Corea꼬레아, Korea 코리아」-서양인이 부른 우리나라 국호의 역사- 오인동, 책과함께 ,2008) 경제체제의 청사진은 우리겨레의 활로이고, 진정 대박이 아니라 왕대박이다.

그런데 남과 북의 현실은 어떠한가? 남북교역이 중단되어 북은 중국에 개방하며 자율적 전환을 해 가고 있다. 중국은 두만강접경지역(창지투)개발을 위한 교통망연결, 압록강대교 건설과 황금평 · 위화도 경제특구를 진행하고 있으며 무산철광 개발에 수십억 달러를 투자 하고 있다. 러시아는 북의 채무 110억 달러를 탕감해 주며 라진 · 선봉 자유무역지대에 북 · 중 · 러 경제협력체제를 구축하고 있다. 남은 북과 동북아시아 경제영토를 정신 없이 잃어버리고 있다.

남이 미국만 쳐다보며 살던 경제시대는 갔다. 남대중국(26.7%) + 홍콩(5.6%) 수출은 32.3%로 미국에 10.6%, 일본 6.1%, 싱가폴 3.4%, 대만3.1% 독일 2.5%를 합한 규모 보다 더 크다. 그런데 중국은 남의 최대수출 시장인 반면 남은 중국 수출의 4.5% 뿐 인 사실에 주목해야 한다.

남녘은 세계 제1의 외국인 투자비중 30%, 내수경제 18%에 수출 82%의 과도한 무역의존 경제가 한계에 도달 했음을 인지하고 돌파구를 찾아야 할 때이다. 남북경제공동체 운영으로 남과 북의 귀중한 인적, 물적, 과학적, 자연적 자산을 활용해서 서로 재 도약할 수 있는 기회에 감사 해야 한다.

남의 분단유지비용은 국방비만이 아니다. 예컨대 기존 주한 미군주둔비용에 미군 가족들의 거주단지 건설, 최신무기구입, 미군 따라 해외파병, 미한합동전쟁연습, 국정원 대북사업, 경찰 안보, 행정 비용 등을 합하면 분단비용은 그 끝을 모른다. 고로 미군이 철수하면 연합방 비용은 아예 없어진다. 북의 분단비용은 훨씬 적겠지만 북 경제규모에서는 더 큰 비중일 것이다. 안보 안보하며 군사력 늘여 봤자 상대를 칠 수도 없는 것이 현실인데 이런 어리석은 짓이 어디 있나. 어서 남북이 교류협력하며 경제공동체를 꾸려 나가야 한다. 이는 국제정치문제도 아닌 남북 사이의 교역이니 남북 말고 누가 해 주겠나? 남북이 교역한다는데 누가 말리겠고 또 말릴 수 있나? 어서 남북 연합방체제를 합의하고 선언해야 한다.

모국을 떠나 세계에 퍼져 살고 있는 해외동포의 조국에 대한 사랑은 애틋하다. 일제강점기의 3.1독립투쟁도 재미동포 안창호와 신한회의 조국독립활동과 더불어 재일본 조선유학생들의 2.8 독립선언에 자극 받아 시작되었다. 밖에서 조국을 보고 있는 재외동포들의 안목은 넓으며 남과 북을 자유롭게 오가며 남과 북이 서로 보지 못하고 만나지 못하고 알면서도 말하지 못하는 얘기들을 해 줄 수 있다. 지난 5년은 단절되었지만 남과 북 사람들도 지난 시절10년 동안 남북을 오가며 얘기하고, 노래하고 춤추며 껴안던 가슴 뭉클한 기억을 간직 하고 있다. 남북 연합방만 합의해도 경제 · 사회 · 문화 · 예술 · 학술 면에서도 교류 · 협력은 사실상의 통일(de facto unification)을 누리게 되는 것이다. 우리민족끼리 다시 더 한번 멋지게 시작하자.

---

*위 글의 일부 또는 많은 부분이 「오마이뉴스」(2012년 10월)와 「한겨레신문」(2013년6월)에 게재되었고 「통일뉴스」(2013년 9월)에 전재되었다.

우리겨레에 강요된 핵미사일

1953년 정전 뒤 1958년, 북은 중국군을 완전 철수 시킨 반면에 남에는 6만의 미군이 잔류하였다. 이때부터, 미국은 핵 미사일 무기를 남녘에 배치했다. 대남경제 우위에 선 북은 1960년 '북남평화협정'을 제안했다. 남은 응하지 않았다. 그 뒤 되풀이해서 외국군 철수와 평화협정을 제안했다.

1974년, 대북 경제 열세를 따라 잡은 남이 북에 유엔 동시가입과 불가침 협정을 제안했다. 이에 북은 유엔에 두 나라로 가입하는 것은 분단 영구화라며 거부했고. 군사 통수권이 없어 그간 평화협정 제안에 응하지 못한 남은 불가침협정 또한 보장할 수 없기에 대신 남의 군사실권을 행사하는 미국 의회에 '북미평화협정'을 제안했다. 미국도 응하지 않았다.

이즈음, 일찍이 미국의 요청에 따라 베트남 전쟁에 출병했던 남은 세계최강 미국이 패퇴하는 것을 보며 북에 대항할 자주국방력을 생각하지 않을 수 없게 되었다. 하여 박정희 정부는 핵개발을 추진했다. 그러나 미국에 들켜 중단되었다. 이처럼 핵무기 개발은 한 국가가 지키고자 하는 가치관이 위협 받을 때 자위 수단으로 추구하게 된다.

1978년, 미국은 남북이 대화하고 미국이 참여하는 3자회담을 제의 했으나 북은 남과의 대화는 실효가 없으니 군사주권을 행사하는 미국과 해야 한다고 답했다. 또 반응이 없자 1984년 북은 미국과는 평화협정, 남과는 불가침조약을 역제의했다. 남도 미국도 응하지 않았다.

그러다 1990년 공산권이 붕괴한 세계적 대변화가 일어났다. 남이 유엔 동시가입을 제안하자 북은 남북이 한 의석으로 가입하자 했으나 남은 반대했다. 남북은 1991년 유엔에 따로 가입했고, 유엔총회연설에서 북은 주한 유엔군사령부 해체, 미군 철수, 북미 평화협정을 제기했다. 남북은 그 해 12월 「남북 사이의 화해와 불가침 및 교류협력 합의서」를 발표했다. 1991년 12월, 미국은 남녘에서 핵무기를 철거 했다고 발표했다. 그러나 미국 핵잠수함은 남에 드나들고 핵우산을 제공하는 3만 미군이 지금도 주둔하고 있다.

전쟁 이래 미국은 북을 정치, 경제적으로 봉쇄해 왔는데 공산 형제국가들의 붕괴로 구상교역 상대마저 잃어버린 북은 외화난, 에너지난, 식량난에 빠지기 시작했다. 하여 산업동력 생산을 고려하며 영변 중수로 핵발전소 건설에 나섰다. 이에 미국이 핵개발 가능성을 제기하며 위협하자 북은 미국의 팀스피릿 훈련재개와 북미회담 불응에 맞서 1993년 NPT 탈퇴성명을 발표했다. 더 나아가서 1993년-1995년, 북은 중립국감시위원회 대표단과 중국 군사정전위대표단을 철수시켜, 정전회담기구를 무력화했다. 대신 조선인민군판문점대표부를 설치하고 북과 미군 장성이 언제 일어날지 모르는 전투행위만 중단된 전쟁 상태를 유지하게 되었다.

이러한 형세 속에 지난 20년 동안 북미평화협정 요구를 무시·불응해 오던 미국이 북의 핵개발을 저지하기 위해 1994년에 '북·미기본합의(Agreed Framework)'를 했다. 내용은 북의 핵발전 중수로를 동결하면 100만KW 경수로 2기 건설기간 동안 중유를 제공하고, 경제제재를 완화하며 국교정상화로 간다는 것이었다. 그러나 동유럽 공산국들처럼 붕괴를 예상했던 북이 김일성 주석 사망 뒤에도 흔들림이 없자 미국은 합의사항을 이행하지 않기 시작했다. 북미기본합의를 관장하는 Korea에너지개발기구(KEDO)의 보스워스(S. Bosworth)총장은 이러한 사실을 "기본합의는 서명한지 2주일도 안돼 고아가 되었다. (The Agreed Framework was a political orphan within 2 weeks after its signature.)" 라는 말로 대신했다. 이에 북은 1998년 8월, 합의사항 이행을 압박하기 위해 장거리 미사일로 인공위성을 발사 했다.

2000년 6.15남북공동선언이 나왔고 2001년 미국에 부시 정부가 출범한 뒤 미국에 대한 아랍권의 분노가 9.11테러사태로 터졌다. 이에 부시는 아무 관련도 없는 북을 '악의 축'으로 매도했다. 그럼에도 남북관계는 계속 순항하자 일본 고이즈미 총리는 2002년 9월 중순, 북에 가서 북일수교를 위한 평양선언을 내왔다. 이에 놀란 미국은 곧 10월 초, 켈리(J. Kelly) 차관보를 평양에 보내서 우라늄고농축(HEU) 의혹을 제기하고 돌아와서 10여일 뒤에야 북이 핵개발을 시인했다고 일방적으로 발표했다. 그리고 기본합의를 파기했다. 중수로 동결 8년에 북은 전력은 물론, 경제 제재 완화도 또 관계정상화에 발도 들여놓지 못한 채 빈손이 되었다.

북미기본합의 협상 팀에 참여했던 국무부의 위트(J. Witt)는 "남겨진 북미합의의 기념물은 콘크리트로 메워진 두 개의 거대한 구덩이뿐이었다."라고 했다. 이에 북은 2003년 NPT에서 탈퇴하고 중수로를 재가동하기 시작했다. 그 해 3월, 핵개발을 저지한다며 핵 없는 이라크를 침공하는 미국을 본 북은 핵무장이 나라를 지켜주리라 확신했던 1970년대의 박정희 정부처럼 본격 핵개발에 나선 모습이었다. 뒤에 클린턴 전 대통령은 "북이 1994년 북미기본합의를 안 지킨 것은 없다."라고 했다.

2003년 8월 북 핵개발을 저지한다며 미국은 중국을 앞세워 연관도 없는 일본과 러시아가 참여하는 6자 회담을 출범시켰다.

이 또한 아무런 진전을 보이지 않자 북은 2005년 2월 핵 보유 선언을 했다. 이에 평화체제와 비핵화를 모색할 2005년 6자 회담 「9.19공동성명」이 나왔다. 그런데 미국이 북에게 돈세탁 의혹을 제기하며 마카오은행 북 계좌를 동결했다. 더 이상 참을 수 없게 된 북은 2006년 7월 인공위성을 발사 하고 10월, 제1차 핵 시험으로 맞섰다. 그 뒤 북 핵 폐기를 위한 2007년 6자 회담 2.13 · 10.3합의에 따라 북은 2008년 6월, 원자로불능화 조치로 세계가 지켜보는 가운데 냉각탑을 폭파했다.

집권하면 북과 직접대화 한다던 오바마 정부가 2009년에 출범했으나 이명박 정부의 북미대화 반대로 '전략적 인내' 정책으로 돌아섰다. 북은 2009년 4월 두 번째 인공위성을 발사하고 그 해 5월, 제2차 핵시험을 했다. 북의 김정일 위원장의 건강문제 등을 보며 북 붕괴를 기대하는 이명박 정부와 더불어 미국은 북의 요구를 무시하는 정책을 계속 했다.

이것이 미국의 핵위협-북의 평화협정 제안-미국의 불응/기피-북의 미사일개발-미국의 위협-북의 핵개발-북미합의-미국의 파기-핵 시험-유엔안보리 제재의 역사이다. 이러한 악순환의 연속을 미국의 한반도 전문가 씨갈(L.Sigal)은 Tit for Tat(치고박고, 맞고 되받아 치기)라고 했다. 미국이 합의사항 지연이나 불이행을 하며 타협하다 파기하는 동안에 북의 핵미사일 능력은 매해 늘어만 갔다. 이러한 반복의 역사를 돌이켜 보면 북의 핵개발을 저지한다는 주장이 미국의 진정한 의도가 아니었던 것처럼 보인다. 결국 미국이 북에게 핵 미사일 개발을 은근히 강요해 온 셈이라는 생각이 든다.

여기서 평화협정 체결과 핵미사일개발과 관련해서 합의했던 많은 사항들을 어긴 쪽이 도대체 누구인가? 약육강식이 국제관계 역학의 상식이라는 말도 무색하게 남녘 수구언론에선 약속을 어긴 쪽은 북이라고 보도해 왔다. 그런데 이런 합의 사항의 직접 당사자였던 미국 부시 정부의 라이스 국무장관은 퇴임 뒤 미국이 "축구경기 도중에 골대를 옮긴다 (Moving the goal posts in the middle of a football game)" 는 말을 했다. 즉 합의 내용 바꾸기를 한다는 것이다. 북과 미국이 벌려온 평화협정 · 핵개발 논쟁과 타협의 무대에 전쟁 당사자였고 문제의 핵심 상대인 남한의 존재는 보이지 않았다. 6자회담 회원국으로 이런 과정을 함께 논쟁하고협상하며 지켜본 남한도 이런 실상을 알았을 것이다. 그러나 아무 말도 없었다. 미국의 국익이 남한의 국익이라 생각한 것이 아닐까.

오바마 정부 국가안보회의 베이더 국장의 저서, 「Obama and China's Rise」에 미국은 "궁극적으로는 북 정권 붕괴와 남의 흡수통일을 목적으로 하고, 단기, 중기적으로는 근본적 해결 아닌

협상과 대화를 통해 시간을 지연시킨다는 '전략적 인내' 였다"고 썼다. 미국 정부에 정면으로 반대되는 주장들을 미국의 관료들조차 이렇게 말 할 수 있는 것이 큰 나라 미국의 더큰 힘이고, 이런 양심적 인사들로 인해 미국은 계속 발전하고 있다. 이제, 아니 이미 오래 전에 북은 미국의 속뜻을 알아차렸는지도 모른다. 남에서는 이런 미국의 맥락을 아직도 모르는지 아니면 알지만 진실을 말하지 못하고 있는지도 모른다. 남한이 미국의 존경과 응분의 대우를 받으려면 할 말은 해야 한다. 요사이 남녘에서 말하는 북의 도발 · 제재 · 타협 · 보상의 연속이었다는 주장은 결국 자신의 발등에 도끼를 찍는 짓이나 다름 없다.

2012년을 강성국가의 문을 여는 해라고 해온 북은 이제 헌법 전문에 핵보유를 명기했다. 그리고 4월 세계 우주전문가들 앞에서 인공위성을 발사했으나 실패했다. 다시 12월에는 실용인공위성을 궤도에 올리는데 성공했다. 미국의 주도로 유엔안보리가 제재결의를 채택하자 북은 2013년 2월, 제3차 핵시험을 했다. 미국은 3-4월에 걸쳐 실행한 대북 미 · 한 합동 핵전쟁연습에 본국의 스텔스 폭격기까지 동원했다. 이에 북은 핵대핵 무력대결을 하며 정전협정 백지화'와'한반도 비핵화 공동선언'을 무효화 했다. 핵 없는 이라크, 핵 중도 포기한 리비아가 미국의 침공을 당했고 핵 개발하는 이란이 위협을 받고 있다. 정의든 불의든 밀어 부치는 국제관계역학에 따라 유엔안보리 국가들도 패권 미국의 주도를 따르고 있다. 이것이 현실세계이다.

미국의 국익에 기여하는 세계질서를 유지하기 위해서 북미평화협정 체결을 거부해 오다 보니 미국은 우리겨레의 한쪽에 결국 핵무기를 선물했다. 그러나 강요된 선택으로 개발한 북핵은 이번에는 세계평화를 위해서 폐기되어야 할 대상이 된다. 하여 미국은 북핵의 폐기나 비핵화를 주장해야 하고, 이에 따라 남은 더 크게 복창한다. 이런 악순환의 반복을 계속하는 것이 미국의 의도였는지 모르지만 결과적으로 그렇게 되어 온 것이 미국의 동북아 정책이다. 조국의 남과 북은 어서 남북 연합방을 합의하고 난 뒤에 조국의 한쪽에 있는 핵을 어떻게 하는 것이 겨레의 만년대계와 세계평화에 기여할 것인지 진지한 논의를 해야 한다. 겨레의 앞날은 오직 우리겨레가 결정하기에 달려있다.

---

*위 글은「통일뉴스」(2013년 9월)에 전재되었다.

북미 아니고,
남북 평화체제 먼저

조국의 평화를 위해선 남과 북이 아니라 북과 미국이 평화협정을 해야 한다고 남도 북도 말한다. 남의 군사주권을 장악하고 있는 주체가 남이 아니고 미국이기 때문이란다. 어처구니 없는 일이고 현실적으로는 서글프고 초라한 조국의 모습 이다. 그렇다고 해서 북핵 때문에 평화협정이 안 된 것도 아니다. 살펴본 대로 핵 없던 40년(1953-1993), 핵 의혹만 있던 15년(1994-2009)에도 평화체제는 이루어지지 않았다. 북미, 남북, 북미중 또는 남북미중 어느 사이에 합의 되어도 평화체제는 이뤄질 수도 있다. 그런데 아무 것도 되지 않았다.

왜?

나는 재미동포로 남과 북에 드나들면서 양측을 보아왔고 또 미국을 안과 밖에서 볼 수 있었다. 한 마디로 미국은 북과 평화할 필요도 뜻도 없었다는 모습이다. Korea에 관한 한 가만이 있어도 국익이 되었고 또 미군 주둔을 적극 지원하며 혹시라도 철수할 까 두려워 매달리는 남녘의 애원은 미국의 동아시아 정책과도 잘 맞아 왔다. 더 나아가 미국은 평화협정 요구를 외면 하기 위해 북에 생화학무기, 테러지원국, 악의 축이라는 멍에도 씌웠었다. 또 북에 대한 정치제재와 극심한 경제봉쇄로 북을 빈곤으로 몰아서 인민들의 아사사태가 생기자 인권유린 이라는 고귀한 인도적 명제로 규탄도 해왔다.

세계질서를 주도하느라 바쁜 미국은 사실 Korea에 특별히 신경을 써야 할 이유도 여유도 없다. 미국시민은 거의 다 Korea반도상황에 별로 관심이 없다. 정부의 안보담당자나 소수의 보수두뇌집단에 의해 악마화 된 북의 행태에 때마다 희화적 평가나 찰나적 조소를 보내는 정도이다. 미국으로서는 큰 손해 나는 일이 없으면 그저 그런 상태로 세월은 가면서 때때로 북을 비난해 주며 남의 종미 사대세력의 비위를 맞춰 주면 되는 것이다. 미국을 이끌고 가는 소수 위정자의 눈에 남은 이렇게 자신의 주권마저도 포기하고 매달리는 이상한 나라이지만 귀엽고 말 잘 듣고 미국에 이익을 안겨주는 충직한 동맹이며 봉이다.

나는 미국에서 6.15선언실천 위원들과 상ㆍ하원 외교위원회를 방문 모국의 평화문제를 면담ㆍ논의 했고, 국무부에 찾아가 성 김(S. Kim) 6자회담 대사, 로버트 킹(R. King) 북 인권대사와도 면담ㆍ건의를 해보았다. 클린턴ㆍ오바마 대통령에게 보낸

Korea 정책건의서에 대한 답신도 받아 보았고, 미국 시민단체와 북미평화협정 체결에 대한 촉구도 해보았다. 아무 것도 달라지지 않았다.

현 미 국무장관 케리(J. Kerry) 전 상원외교위원장 주선으로 국회의사당에서 민주당(F. Jannuzi)·공화당(D. Halpin) Korea 전문위원과 평화체제토론회 사회도 했다. (「통일의 날이 참다운 광복의 날이다」 - 밖에서 본 한반도 – 오인동, 솔문, 2010) 미국의 국익 앞에 여당과 야당의 차이는 없었다. 부러운 일이고 또 숭미사대 하는 모국의 남이 본 받아야 할 좋은 예이다.

가만히 보니 미국은 분단된 남과 북을 무척 좋아한다. 북은 말 안 들어 좋고, 남은 너무 잘 들어 좋다. 미국의 핵 위협 때문에 강요된 선택으로 갖게 된 핵미사일을 북이 포기하지 않을 것을 아는 미국이다. 또 북핵이 있어야 미국은 폐기나 비핵화를 주장할 수 있다. 그러면 남은 더 크게 복창해 주니, 미군 주둔을 계속할 수 있고, 군사기지도, 대규모 미군실전 연습장도 무상으로 제공 받으며, 최신재래식 무기판매는 물론, 놀랍게도 주둔비용도 받는다. 한편 더 중요하게는 중국과 러시아를 견제하기 쉽게 되고 일본에서 국익을 챙기며 계속 동북아 질서를 주도하면 되는 것이다. 세계 어느 곳에서도 받을 수 없는 남한의 이런 극진한 대우를 나의 제2 조국 미국이 왜 마다해야 하겠는가. 그러니 평화협정은 미국의 국익에 반하는 일이고 전쟁연습이나 위기조성은 국익에 기여한다고 위정자는 생각을 했음직 하다.

그런데 이렇게 미국의 국익에 도움이 되지 않을 정전상태를 끝내라고 찾아 다니며 주장하는 나 자신이 바보스럽고 초라하고 씁쓸하기까지 했다. 하여 남북문제는 남북이 풀어야 한다는 만고의 진리에 다시 돌아왔다. 남과 북이 정신 차려야 할 때이다. 돌이켜 보건대 2000년 6.15공동선언은 결국 남북 지도자가 겨레의 이익을 위해 나서서 해낸 것이지 김대중 대통령이 미국에 빌지도, 김정일 총비서가 중국에 빌어서 한 것도 아니다. 남북이 의기투합해서 해 냈고 또 2007년 10.4평화 · 번영선언으로 이어졌다. 남북이 함께 하는 일을 큰 나라 미국은 그대로 지켜봐 주는 여유도 있다. 또한 분단된 나라의 남북자신이 화해협력하며 통일 하겠다는데 나서서 반대하면 국제적 지탄도 받을 수 있다는 우려도 하고 있다. 이것이 바로 남북 자신이 해결해야 한다는 진리이고 또 서로 소통 해서 마음 먹으면 해낼 수 있다는 증거이다. 남북 연합방 평화체제, 남북평화협정도 이와 다를 바 없다.

1953년 정전협정은 유엔 · 미국군, 조선인민군, 중국인민지원군 사령관이 서명했다. 북진통일 없는 정전을 반대한다며 남은 협정에 참여하지 않았다. 오늘의 남 · 북 · 미 · 중 군사경제 형세로 보아 평화협정 문제도 남북이 해결하면 된다. 10.4 선언 에서도 '남과 북은 현 정전체제를 종식시키고 (…) 평화체제를 구축해 나가야 한다.' 고 합의한 대로 남북 연합방을 확고하게 하면 된다. 전쟁 당사자였고 앞으로도 북과 평화를 지켜나가야 할 상대인 남이 빠진 정전협정 서명국 북 · 중 · 미 사이의 평화협정은 남에게는 굴욕이고 현실적으로도 불합리하다. 그렇다고 평화협정을 60년 기피해 온 미국을 이제 와서 남북평화체제에 끼어들게 할 이유는 없다. 또 사태를 지켜만 본 중국을 새삼스럽게 들어오게 할 필요도 없다. 끼워 주면 문제만 더 생긴다.

그러니 남북이 서로 평화하기로 합의하고 '연합방'을 선언하면 되는 것이지 미국이 보장해야 하고 중국이 추인해야 하는 것도 아니다. 그리고 나서 주변4대국을 연합방 조국의 이익에 맞게 대처하면 된다. 그런데 남녘 정부와 재야 통일논객들 조차 6자회담을 재개해서 평화체제를 논의해야 한다고 한 목소리 이다. 각기 자국의 국익을 추구하는 미 · 중 · 러 · 일이 조국에 무슨 좋은 일을 안겨 줄 것이라 생각하기에 그렇게 하자고 하는지 알 수 없다. 한편 신통하게도 남녘 사람들은 누구나 주변 4대국은 남북의 통일을 원하지 않는다고 한다. 이거 정말 맞는 말이다. 그런데 통일하려는 남북이 왜 통일을 원하지 않는 주변4개국들과 함께 무엇을 의논하자는 것인가? 6자 회담 여러 합의의 파행을 겪은 우리겨레가 아닌가?

북은 미국이 원하지 않는 평화협정을 더 이상 추구하지 말고 이제 남과 평화하자 해야 한다. 이에 남은 적극적으로 화답하면 된다. 아니 경제강국 남이 자신들의 넘치는 역량과 위세를 자각하고 북에게 평화를 선도해도 될 것이다. 남은 미군을 업고 매해 몇 번씩 전쟁연습하며 늘 북을 위협하고 있지 않은가. 북이 중국군과 합동으로 대남전쟁연습 한다는 얘기는 들어보지도 못했다. 그러니 공세를 취하고 있는 남이 도발을 중지하고 먼저 남북평화를 하자고 해야 한다.

국제사회에서 분단국의 초라함, 어리석음, 서러움, 불이익을 67년 겪어온 남과 북이다. 그런 가운데도 겨레의 슬기로 남·북은 각기 민족역사상 최고조에 이른 경제·군사·과학적 성취를 이뤘다. 남북은 각기 자신들의 역량과 위세를 자각하고 우리 겨레의 이익에 맞게 먼저 남북평화체제 구축할 때가 되었다. 진정/진솔하게 역지사지하며 겨레의 앞날을 담판 짓자고 결의해야 한다. 이렇게 얘기하면 사대사고가 뼈 속까지 절은 남녘 종미 사대하는 친구는, 자주와 주체의 화신인 북녘 친구 말 대로 조건반사를 넘어 자동 또는 자발반사처럼 주변 강대국들의 국제관계역학을 모르는 현실성 없는 순진한 몽상이라고 꾸짖는다. 그래, 그러면 그런 현실은 누가 만드나. 결국 남과 북이 만들어 주고 있지 않는가? 남북 연합방 평화체제 먼저 합의하고 한 목소리로 지겨운 주변국들을 대처 하자. 이게 남북이 해야 할 오로지 하나의 진정한 국제관계이다.

2013년 봄, 북미 핵 대 핵 대결상황을 보며 남에서는 자체 핵무장 주장도 나왔다. 자못 자주적이고 민족주의적인 진정한 보수의 갸륵한 발상이다. 그렇다면 민망하게도 늘, 미국 핵은 한반도 평화를 위한 것이고 북핵은 평화를 위협하는 것이라고 해온 수구세력의 논리를 뒤 없는 자가당착에도 빠지게 되지 않겠는가. 하지만 남이 혼자 무슨 실력과 배짱으로 미국을 넘어설 수 있겠는가. 단군이래 최고조에 이른 남북의 역량과 위세, 주변국의 군사경제형세의 현실로 보아 조국의 한 편에 존재하는 핵을 북 혼자가 아니고 남북이 합심해 공유하고 공동관리 하는 것을 숙의해 보면 어떨까? 그리고 겨레가 원하는 바에 따라 비핵화 하던지 비확산 하던지 또는 폐기하면 될 것이다. 생각만 해도 가슴이 뿌듯하지 않은가. 더구나 굳건한 동맹 미국과 세계열강들로부터 국제적 신용과 신망을 받고 있다고 자부하는 남측이 아닌가. 이럴 때 진짜 실력 발휘해 보여 줄만 하다. 세계유일 초강대국 미국에도 정면 대결하는 북도 그 실력을 남과 함께 발휘해 보면 효과는 대단할 것이다.

헌법에 핵 보유를 명기한 북이 핵을 포기하지 않는다는 것을 미국은 알고 있다. 그래서 미국은 비핵화나 비확산 주장이나 하면서 미국의 국익에 맞게 남을 적절히 조정해 갈 것이고, 중국은

6자 회담 주도국의 위세를 마음껏 즐기면서 북을 지원하다 압박도 하며 지내면 되는 것이다. 결국 미국도 중국도 북핵을 구실로 계속 비핵화를 주장할 테고 북은 핵을 포기할 수 없으니 남녘 동포들이 이 문제에 대해 깊이 성찰해야 한다. 분단된 자신의 나라 일도 해결하지 못하는 남한 보수/진보논객들이 주변국 핵개발 경쟁을 걱정할 계제는 아니니다. 세계 3대부국 일본도 4대부국 독일도 전범국으로 핵국가가 못 되었다. 가난한 인도와 파키스탄, 이스라엘은 저마다 독특한 처지와 이유로 핵 국가가 되었다. 이러한 형세에 남이 북에게 핵 폐기나 비핵화 같은 헛소리를 해서 남북관계 악화 이외에는 무엇을 성취할 수 있겠는가. 보라 세계에서 가장 안락한 풍요와 평화를 느긋하게 누리며 걱정 없이 사는 편안한 선진강국 영국과 프랑스가 핵국가이다. 이 두 나라의 덩치는 남북연합방 조국 보다 작다. 통일조국은 세계적 반열의 국가가 되는 앞날에 눈을 주기 바란다. 그때 조국도 남의 나라 핵 걱정해주며 세계평화에 기여해 주기 바란다.

남녘 국민의 사고가, 남북 위정자의 통일조국의 미래에 대한 철학과 신념이 청천벽력적으로 바뀌어야 한다. 그러기 위해서는 6.15선언실천위원회를 비롯한 시민단체들이 적극 나서서 민중들의 역사인식, 시대인식, 민족의식을 쉬운 말과 글로 바로 잡게 해 주는데 더 진력해 주기 바란다.

남북 경제공동체 운영이 가져다 줄 찬란한 겨레의 앞날을 살펴본 남 · 북 · 해외의 한 겨레이다. 이를 실행할 수 있게 해 주는 남북 연합방이야말로 조국의 평화체제 가 아닌가. 북 · 미가 아니고, 남북평화체제를 먼저 구축해야 한다. 우리겨레의 새 역사는 이렇게 시작해야 한다.

---

*위 글의 일부 또는 많은 부분이 오마이뉴스(2012년 10월)와 한겨레신문(2013년6월)에 게재되었고,「통일뉴스」(2013년 9월)에 전재되었다.

풍요 자유 평등 자주 통일조국

2012년 10월. 나는 「2013년, 조국의 남과 북에 바란다」를 남녘 대통령후보들과 북에도 전하고 평양에서 토론도 했다. 이어 남에서 여러 대학을 돌며 순회강연을 했다. 그때 그리고 오늘, 조국의 남과 북에 다시 묻는다.

남이 북의 숙적 미국과 한패가 되어 어떻게 북과 통일을 이룰 수 있는가? 북과 미국 중 누가 '우리'이고 누가 '남' 인가. 한때 미국이 남을 도왔다 해도 미국은 '남'이고 북은 통합해야 할 '우리'이다. 세계 경제강국 이 된 남이 언제까지 미국에 매달리려는가? '우리민족끼리' 정신으로 북과 함께 해야 하지 않겠는가?

북에도 다시 묻는다. '외세 배격 · 민족 자주'를 주창하는 북이다. 군사주권을 미국에 맡긴 남이라 해서 언제까지 북미평화에만 매달리려 하는가? 핵미사일 자위력을 갖춘 군사강국 북이다. 다시 1960년대처럼 남에게 평화하자고는 못하겠는가? 또 '당정군민 일심동체'의 북이 허리띠를 조여온 인민들을 위해서라도 경제공동체 운영을 위한 북남 연합방 하자고 선도해야 하지 않겠는가. 이제 누구에게도 두려울 게 없지 않은가. 북과 남의 자산을 마음껏 활용하자.

민족사에 빛날 찬연한 업적을 이뤄낸 조국의 남과 북이다. 남은 세계 10위대 경제, 정보통신, 스포츠, 문화 강국이 되었다. 북은 세계 9대 핵 보유국, 10대 우주국에 CNC 과학기술, 군사강국이 되었다. 남과 북이 각기 홀로 일궈낸 이런 성취는 남북해외동포가 함께 서로 축복하고 자랑해야 할 겨레의 소중한 자산이다.

홍익인간의 얼을 이어받은 남북의 이 겨레가 이런 자산과 역량을 갖게 된 현실을 올바르게 활용해야 한다. 그러면 남이 미국에 의존할 필요도, 북이 미국에 평화를 추구할 필요도 없다. 자기 나라의 국익을 추구하는 미국을 나무랄 필요도 없다. 우리도 우리겨레의 이익을 주변국과 조화롭게 추구하면 되는 것이다. 남북이 서로 평화하자고 자신 있게 말해야 한다. 남북 연합방 평화체제를 시작하면 남북은 무력감축을 하며 힘을 합쳐 남의 군사주권을 되 찾아야 한다. 하여 남은 북의 명실상부한 상대가 된다.

2013년 3-4월, 가난한 북이 세계 최강 미국과 핵대핵 대결 전쟁상황까지 이끌었던 것은 60년 봉쇄 · 고립정책을 견디다 못해 평화냐 전쟁이냐를 강제할 만한 무력을 갖췄다는 자신감에서였다. 그간 허리띠를 조여온 인민들의 생활향상 약속을 지켜야 한다는 속 다짐도 있었을 것이다. 남과 대화가 재개되면 북남 동포들이 협력 · 교류 · 왕래 했던 지난 10년의 신뢰를 복원할 수 있다는 믿음도 또 내가 전한 희망찬 북남 경제공동체 운영의 청사진도 그려 보았음 직 하다. 중국이나 러시아만이 아니고 경제교역은 남과 더 해야 한다는 민족애도 한몫 했기를 바란다.

북이 "조국통일대전"도 무릅쓰겠다고 한 것은 남과 먼저 평화하자는 것이었다. 남이 북의 이런 속내를 받아들이면 일본까지 끌어드리는 남북주민에게 떳떳하지 못한 남 · 미 · 일 공조를 추구할 필요도 없다. 남북 대화에 적극 나서면 된다. 독도문제도 남북공동으로 대처할 수 있다. 2010년대로 들어서 남 · 북 · 미 · 중과 동북아 정치경제군사 형세가 이젠 미국 의도대로만 할 수 없게 되었다. 이런 변화로 미국이 북과 평화협정을 기피 할 수 없게 되어도 미국은 아마 서명자로 나서지 않을 것이다. 대신 남이 북과 평화 해도 괜찮다는 굴욕적 허락을 받기 전에 남이 먼저 북과 평화하자고 해야 한다.

이제 남 · 미 · 북은 각자의 의지와 능력과 강점 · 약점을 다 인식했을 것이다. 북이 남을 칠 수 있나, 남이 북을 칠 수 있는가? 미국도 북을 무력 제압할 수 없게 된 것이 남 · 미 · 북 3각관계이다. 떠 오른 중국이 남북에 더 간섭하기 전에 우리도 하나가 되어 대처하자.

핵무기의 상호 억제력이란 어느 쪽의 핵폭탄 숫자가 많고 적음에 따르는 것은 아니다. 북이 무력으로 도발하면 북은 다음날 미국에 의해 초토화 된다고 남녘 사람들은 말한다. 아니, 지난봄에는 남녘 군지도부가 북의 지휘부까지 정밀타격 하겠다는 것을 보고 군사작전권을 환수했나 하고 반가웠고, 아니면 미군의 허락 없이도 이럴 수 있나 하고 순간 놀랬었다. 동북아에서 미국의 국익을 지키기 위해서도 미국은 남한이 그런 일은 못하게 한다. 이런 전면전은 있어서도 안되고 또 일어날 수도 없다. 그런 일이 일어난다면 북이 초토화 되기 전에 남. 일본. 오키나와, 괌 미군기지의 수 만 명의 미군 생명을 희생할 각오가 있어야 한다. 이라크 전쟁 10년에 수 십만 아랍인이 살상되었지만 4,500여 명의 미군 생명을 희생한 나라이다. 핵 보유 8개국 중 어느 나라도 핵으로 핵 국가를 공격한 적이 없다는 것이 핵개발 이후의 세계 역사이다.

남북 연합방 경제공동체를 운영하며 북과 함께 남은 주한 미군의 철수를 이뤄내야 한다. 북이 아니라 남녘 국민들마저도 미군 철수를 요구하면 미국은 거부하지 못한다. 미군이 통일 뒤에도 조국반도에 남아 있어도 괜찮다고 북이 말했다면 이야말로 정신 나간 소리이다. 16조 달러 빚에 시달리는 미국이 마침 남에게 미군 주둔 비 부담을 더 늘려 달라고 한다. 남은 그 요구를 더 크게 받아들여 그들을 고향으로 돌아가게 해 줘야 한다. 그럼으로써 미국이 남 때문에 더 이상 군사비를 쓰지 않아도 되게 도와 주자. 이와 같이 남이 목 메이게 여기는 미국의 큰 은혜에 보답하는 것이 남의 예의이고 도리일 것이다. 하여 조국에 중국, 일본, 미국 군대가 주둔해서 온갖 피해와 수모를 당해왔던 민족사의 쓰라린 과거와 현재를 말끔히 청산하자. 이렇게 남북평화를 시작하면 북미평화는 저절로 되고 또 종속적 남미관계도 정상화 하게 된다. 국가주권이 뚜렷한 남영 · 남중 · 남불 · 남러 · 남독…. 같은 관계처럼.

경제강국이라고 자부하는 남이 빌어먹는 나라라고 비하하고 비아냥대는 북 앞에만 서면 왜 이렇게 작아 지는가. 미국 등 뒤에 서야만 안심이 되나. 북보다 10여배의 군사비를 수십년 써 왔으면서도 북이 그렇게 두려우면 평화하자고 같은 동포에게 큰손 내미는 게 가장 떳떳하고 솔직한 방법이다. 그리고 남은 시장경제 원칙에 따라 미국 대신 가난한 북에 큰 돈 퍼주어 더 큰 돈을 벌 수 있다는 사실을 상공기업인들은 잘 알고 있다. 이러한 사실을 위정자들에게 알려서 연합방 경제공동체로 가야 한다. 여기 제시한 해외동포의 남북연합방 청사진을 '한낱 현실성 없는 순진한 꿈, 이상' 혹은 '감성적 환상' 이라고 하지 말라. 그렇다면 그렇게 말하는 당신들 뜻대로 국제관계 운운하며 60년을 해왔는데도 북을 붕괴 시키지도, 남을 해방시키지도 못하고 이 지경이 된 분단조국에 대한 당신들의 대안은 무엇인지 내놓아 보라. 꿈 꾸는 사람에게 꿈은 이루어진다.

더러는 남북의 기득권층이 반대하기 때문에 안 된다고도 한다. 맞는 말이다. 밖에서 보면 1인당 소득 2만 달러 밖에 안 되는 남의 알량한 기득권 때문인지 모르나 연합방을 해나가면 현재 내가 살고 있는 미국의 1인당 소득 이상의 기득권을 누릴 수 있다. 부자는 더 부자, 빈자는 드디어 가난에서 벗어나 인간다운 삶을 누리게 되는 것이다.

남녘 보수계 집안의 딸 신은미의 여행기, 「재미동포 아줌마, 북한에 가다」가 2012년 남녘 민중들의 사랑을 받았고 북에서도 인기이다. 저자는 조국의 북을 "아름다운 사람들이 사는 가난한 나라"라고 했다.

'가난한 나라' 북의 기득권층이 누리고 있는 특권은 도대체 어떤 것들 일까? 유엔안보리 대북 제재 수출금지 품목에 보석류, 고급 승용차, 양주, 경주용 자동차, 호화 요트도 들어 있다. 북의 특권층이 교외의 고급 단독주택에서 경주용 자동차를 몰고 나와 한적한 평양 시내를 질주해 교외 골프장에서 동료 기득권자들과 한판 치고, 고급승용차로 함께 바꿔 타고 해안가로 달려가 호화 요트 위에서 고급양주를 즐기는 특권일까? 아니면 때마다 값비싼 보석을 걸친 부인과 가족을 데리고 호화 외국관광 여행을 즐기는 생활일까? 이것도 아니면 사시사철 인민복만 입고 다니는 최고지도자만의 호의호식일까? 평양을 8번 밖에 다녀 오지 못한 나에겐 그런 모습은 보이지도 들리지도 않았고 그런 그림은 상상이 안 된다.

북녘의 평양의학대학 병원에서 무상의료 혜택을 받고 있는 환자들에게 수술을 하고 있는 내가 우연히 알게 된 사실은 뉴욕 유엔대사관 북녘 외교관들이 미국에서의 건강보험비용을 조국에 반납했다는 것이었다. 이것이야말로 북녘 최고 외교관료들의 '대단한 기득권'이 아닌가?

조국의 남과 북에 한 마디 더 해 보자. 조국을 둘러 싼 미국, 중국, 일본, 러시아 그 어느 나라도 우리처럼 한 나라가 둘로 갈라진 바보 같은 나라가 아니라는 사실을 다시 곰 씹고 우리도 하나 된 뒤 그들과 대작하자는 것이다. 그래, 이 겨레, 이 반쪽 짜리 두 나라, 나의 조국, 이제 어찌 할 것 인가. 남북이 손 잡고 연합방체제로 갈 것인가 아니면 멍청한 분단 짓 계속할 것인가?

결정의 때가 왔다. 남북이 어서 만나서 머리 맞대고 역지사지하며 연합방 평화체제를 합의하자. 그리고 남북은 통일의 길로 뚜벅뚜벅 걸어가면 된다. 세계 어느 누가 이 겨레의 앞길을 막을 수 있나. 이 겨레의 통합은 봉건왕조시대부터 가난, 억압, 불평등, 사대에 찌들려온 불쌍한 우리 선조들이 애타게 염원해온 풍요, 자유, 평등, 자주국의 내일을 보장한다. 화해와 협력정신이 흐르는 연합방기에 교류 · 왕래 하며 신뢰를 쌓고 연방기에는 분단시대 양측의 과오를 민족차원의 대사면헌장으로 청산하고 법적통일(de jure unification)인 '고리공화국(Corea Republic)' 시대를 열어가야 한다.

1972년, 자주 · 평화통일, 민족대단결의 7.4공동성명, 1992년 남북기본합의와 2000년 6.15 선언 정신 따라 남북이 힘 합쳐 자주적으로 해낼 최적의 기회이다. 2007년10.4 평화번영 합의에 따라 공리.공영, 유무상통의 원칙에서 확대 발전시킬 남북 경제공동체 운영을 실현하자. 연합방 경제는 서민 대중의 가정에는 풍요한 삶의 여유, 기업가에게는 새로운 사업의 기회이다. 찬란한 앞날이 눈 앞에 보이는 청사진 따라 'Corea연합방'의 길로 나아가야 한다. 분단 67년은 너무도 길었다. 남 · 북 · 해외의 이겨레 더 이상 이런 고통 속에 살 수 없다.

남북의 선대 지도자들이 마련해 놓은 그 터전 위에서 통일의 길로 간다고 만방에 고하라. 남 국민도 북 인민도 통일의 날을 그리며 살아왔다.

우리 모두 꿈을 안고 산다. 남북 주민들은「남 인공위성, 북 '은하'로 올리자」는 꿈을 꾸고 있다. (통일뉴스2012-03-31, 조선

중앙통신 2012-04-06) 나 역시 「평양에 두고 온 수술가방」을 찾아오는 소박한 꿈도 꾸고 있다. 풍요, 자유, 평등, 자주의 통일조국을 이뤄내자! 남. 북. 해외 8천만 겨레의 꿈을.

---

*위 글의 일부 또는 많은 부분이 오마이뉴스(2012년 10월)와 한겨레신문(2013년6월)에 게재되었고, 「통일뉴스」(2013년 9월)에 전재되었다.

3부

북녘편지와 통일방안 등

전쟁연습 말고, 통일연습 하자

재미동포는 모국의 남녘에서 미군과 합동으로 매년 하는 프리덤가디언, 팀스피릿, 키리졸브, 이글포울이니 뭐니 하는 영어 이름의 미한인지 한미인지 알 수 없는 대북전쟁연습을 씁쓸하게 지켜 보아왔다.

한편 북의 육해공군이 중국이나 러시아와 합동으로 대남전쟁연습 한다는 얘기는 들은 적이 없다. 북의 인민군도 물론 그들대로 북녘 땅이나 해안 어디에서 훈련은 하고 있을 것이다. 인민군이 수력발전소며 도로공사며 살림집 건설장에서만 일하고 있지는 않겠기에 말이다. 아니 경제적 여유가 없어서 돈 많이 드는 전쟁연습은 안 하는지도 모른다.

핵미사일 자위력을 갖춘 북이니 이젠 군사훈련 대신 인민경제 건설에 더 주력할 만 하다. 한편 비대칭 전력약세가 된 남이니 미국에서 고가의 최신재래식무기 더 사다가 합동으로 전쟁연습을 더 할지도 모른다.

남측 인구는 5천만으로 북의 2배, 국민총소득(GDP)은 40배, 뭐는 80배, 뭐는 100배, 매년 군사비는 10배 이상으로 북의 GDP와 비슷하다. 한데 어째서 인민들이 굶어 죽는 지경이라 곧 붕괴할 거라는 북에 대한 방어인지 공격인지 모르는 전쟁연습을 자주 해야 하는지 모르겠다.

미국은 남이 핵무기나 미사일 개발을 하지 못하도록 묶어 놓고 최신무기만 사게 한다. 하긴 2010년 3월 한 밤중 서해에서 미·한합동으로 북의 잠수함 잡는 대잠 훈련 중 북 잠수정이 치밀한 감시망을 뚫고 들어와 한방의 어뢰로 남측 초계함을 두 동강 내고 침몰시켰다고 한다. 북의 전력은 가공할 수준이 아닌가? 더구나 동맹 미국 해군의 전력에 신뢰가 안 간다면 이는 더 큰 문제이다. 남은 서둘러 군사비를 늘려 고도의 적함탐지기를 개발해야 할 것이다.

동족간에 다시는 전쟁을 상상해서도 또 일으켜서도 안될 일이다. 나는 남북 사이에 전면전쟁은 일어나지 않는다고 본다. 그런 바보 같은 전쟁을 도발할 만큼 남북지도층이 어리석지는 않을 거라고 믿어 의심치 않는다. 나아가 남북 사이에서는 어느 쪽도 다른 쪽을 전면적으로 선제공격 하지 못한다고도 생각한다. 이런 일을 할 수 있는 나라는 나의 제2조국 미국 밖에는 없다고 생각했는데 이제는 미국도 못하게 된 것이 오늘의 남·미·북의 3각 관계이다.

2차 대전 뒤 미국은 크고 작은 여러 나라의 전쟁에 참여함으로서 미국 주도의 세계질서를 유지해 왔다. 참여뿐 아니라 커다란 전쟁은 주도했다. 세계 어느 나라가 미국 보다 강력한 군사력을 보유하고 있는가? 그런데 미국이 개입한 여러 전쟁에서 승리한 곳이 떠오르지 않는다.

오히려 곧 떠오르는 것은 베트남에서의 패퇴이다. 1964년 미 해군 구축함이 통킹만에서 북베트남 어뢰정에 피격되었다는 거짓 핑계로 개입 · 확전한 전쟁이었다. 정글에 파 논 땅굴을 맨발로 헤집고 다니며 미 공군의 공중포격과 육군의 네이팜탄 화력에 맞서 싸운 북 베트남과 베트공에 남한군과 더불어 1975년 패퇴했다. 2000년대에는 기동전쟁하기 좋은 평퍼짐한 사막 이라크에 침공했다가 10년 만에 철수했다. 산악지대인 아프간 전장에서의 철수도 진행되고 있다.

미국 국내의 인권문제 보다 개발도상국의 민주주의와 그 주민들의 인권을 더 귀하게 여겨주는 미국은 어쩔 수 없이 아시아 · 아랍 나라에 침공해서 수십만 인명을 살상하고도 실패 또는 패퇴했다. 왜?

아니다. 이긴 적이 있다. 20세기부터 탈아입구를 지향하던 아류서양국 일본에 이겨서 탈아입미(脫亞入美)로 인도했다. 전쟁이 더 치열했던 유럽전선에서는 재래식 무기로 독일을 제압했는데 그 해 8월 항복하기 직전의 일본에 사상 최초로 원자탄 한

발, 아니 며칠 뒤 다른 도시에 한방 더 투하해 일시에 수십만 명을 살상하고 승리했다. 조선 동포도 7만이 살상당했다. 그 폭탄은 오늘날 미국이 다량살상 무기라고 저주하는 핵무기였다. 이제, 어느 다른 나라가 미국 뒤를 이어 두 번째로 핵 무기를 쓸 것인가? 북이 동족인 남녘에 대고 쏠 것인가? 아니면 북이 '철천지 원쑤 미제'에 쏠 것인가?

6.25전쟁 때 중공군이 참전해 전세가 불리해지자 맥아더 사령관은 조선 · 중국 국경지대에 원자탄을 퍼부어야 한다고 했다. 핵폭탄을 써본 미국의 장군다운 말이다.

미국은 정전협정이래 조국에서의 평화협정체결을 외면하고 기피해 온지 60년이다. 미국시민 재미동포들이 정의롭고 존경받아야 할 미국을 위해 미국시민단체들과 더불어 행정부와 상하양원에 미 · 북 평화협정 체결을 줄기차게 촉구해 왔으나 꿈적도 않고 있다. 오히려 급변사태 때 북을 접수하는 미 · 한 합동군사훈련을 매해 하고 있으니 바랄 일이 못 된다.

2013년 핵 보유국을 헌법에 명기해 미국과 핵 대 핵 관계가 된 오늘 북이 미국에 더 이상 평화조약을 구걸 해야 할 필요가 있을까? 그런데 남녘에서는 계속해서 미 · 한 합동전쟁연습을 하고 있다. 결국 국지전을 해서 손해는 누가 보고 이득은 누가 챙기나? 찔끔찔끔 포사격 연습을 하다 보면 2010년 연평 포격전 보다 훨씬 더 큰 사태도 생길 수 있다. 북의 인명피해가 알려지지 않아서 그렇지 그곳에도 사람이 살고 있다. 사람 살기로 말한다면 남녘 인구의 거의 반이 산다는 서울 한복판에 '불바다'가 아니라 북의 장사정포 공포탄 하나라도 떨어지면 남녘사회에 벌어질지도 모르는 혼비백산 마비사태를 상상해 보라.

2013년 3-4월 북이 미국과 핵 대 핵 무력대결의 위기 때 남녘 합창의장과 국방장관이 북의 지휘부를 정밀타격으로 분쇄한다는 헛소리도 했다. 군사주권이 없어 미군의 허락 없이는 대포 한방 쏠 권한도 없는 남한군이 무슨 헛소리를 하는지 모르겠다. 동족끼리 백해무익한 기 싸움질이나 하며 치고 받다가 잘못 터져서 초토화된 강토의 포연 속에서 느낄 머쓱함과 허망함은 어쩔 것인가. 어리석은 전쟁연습일랑 이젠 그만두어야 할 것 아닌가? 혼자 힘으론 이길 자신도 없어서 아시아 어느 나라에서도 이기지 못한 미국에 매달리는 남녘이 무슨 수로 북을 이기겠는가? 그래도 통일은 하겠다고? 어떻게, 어떤 식으로? 차라리 1960년 북이 제안했던 대로 남북평화협정체결 논의로 돌아가 통일연습이나 하면 어떨까?

---

*위 글은 「프레시안」(2012년 2월)에 게재되었다.

남북이 한 발씩 굳게 디디고 서자!

13회 한겨레통일문화상 수상 오인동 박사 인터뷰:2011-06-16

「민족21」 2011년 7월호 - 정용일 편집국장, 염규현 기자

"무슨 대단한 일을 했다고 '운동가'야, 그냥 '활동가'가 듣기 편해." 지난 해 가을《평양에 두고 온 수술가방》출판기념회를 위해 서울을 찾았던 오인동 박사(6 · 15공동선언실천 미국위원회 공동위원장)를 만났을 때 그는 자신을 '활동가'로 불러줄 것을 당부했다. 그가 평양의학대학 병원에서 북녘 의사들과 인공관절수술을 하고 서울에 왔다. 제13회 한겨레통일문화상 수상을 위해 온 '통일운동가' 오인동 박사를 다시 만났다.

(…) 오 박사는 스스로 자신이 현 상황에서 해외동포라는 한시적 특권을 누리고 있다고 말한다. 남쪽 사람의 방북 신청이 전면 불허되는 상황에서 남북을 오가며 일을 할 수 있다는 뜻에서다.

"남북이 긴밀히 협력하고 신뢰가 쌓이면 우리 같은 해외동포들이 뭐 특별히 할 일이 있겠어? 지금은 상황이 어려우니 내가

할 수 있는 딱 그만큼만 하는 거지."

북이 '고난의 행군'을 겪고 있던 1998년 다시 평양을 방문해서 실상을 보았고 2000년 6 · 15 공동선언이 발표되자 남북이 이제야 '제대로' 가고 있다는 마음에 아낌없는 박수를 보냈다.

'이명박 정부의 출범으로 남북관계가 악화되던 2009년, 그는 다시 평양으로 향했다. 노무현 대통령이 서거하고 북이 핵시험을 하던 5월에도, 천안함 사건 뒤인 2010년 6월에도 그는 평양의학대학병원에서 북녘 의사들과 함께 인공관절 치환수술을 하고 있었다.

"이번엔 새로운 인공관절 수술법을 가르쳐 주고 왔어요. 이렇게 매 해 북녘 의사들과 어깨 비비며 함께 수술을 하다 보니 서로 정이 들었고, 또 사람들이 참 순박해. 수술이 끝나면 옆방 자그마한 진료실에 머리 맞대고 앉아서 점심을 먹으면서 수술이야기, 앞으로 해야 할 것들을 편하게 얘기해요. 친구나 형제 같고…. 내가 느끼는 이런 감정들을 남쪽 사람들도 느낄 기회가 다시 온다면 얼마나 좋을까, 그런 생각을 많이 했어요."

그가 건네준 관절기를 참고로 북이 자체 제작을 시작했지만, 아직까지는 미흡한 점이 있다고 말한다.

대화 도중 오 박사가 건네준 디지털 카메라에는 수술장면과 함께 '뒷풀이' 장면도 담겨 있었다. 마치 가족모임과 같은 분위기가 사진으로도 느껴진다. 얼굴 가득 환한 미소의 오 박사와 북녘 의사들의 모습과 느낀 소중한 감정들은 그의 책《평양에 두고 온 수술가방》에 잘 담겨 있다.

"평양에서는 고려호텔에 묵었어요. 아침에 밥을 먹으러 식당에 가면 외국인들 천지야. 젊은 중국인들이 많이 보이는데, 조·중 경협이 날이 갈수록 활발해져서 그런 모양이야. 물론 유럽이나 남미, 중동 사람들도 사업차 많이 와 있었어. 그런데 그런 것을 보면 참 가슴이 아프고, 화가 나……. 동포인 남녘 사람들은 왜 하나도 안 보이는 거야. 남쪽 사람들이 있어야 할 자리에 다른 나라 사람들이 들어와 있는 모습이 영 아쉽더라고."

평양 시내를 걷는 사람들도 활기로 가득 차 있었다. 예쁜 레이스가 달린 양산을 쓰고 걷는 여성들의 하이힐 발자국에서 자신감이 묻어 나왔고, 여름이 되어 남녀 모두 환하고 가벼운 옷차림에 먹거리를 판매하는 매대에서 들리는 웃음 소리가 예전과는 사뭇 달랐다.

"예전보다 차량이 많아졌어요. 70년대의 신호등이 재 가동되고 평양 시내에는 이른 바 건물들을 새롭게 단장하는 '개건' 작업이 한창이에요. 콘도미니엄 같은 건물들이 많이 들어섰어요. 평양의학대학병원의 안과 밖도 깔끔하게 바뀌고 학교 옆에는 도서관 건물도 새로 지었고 대동강변에는 국립연극극장 관계자들이 살 수 있는 원형 살림집 모습이 멋지고 손 전화를 든 사람들의 모습도 많이 보였어요."

여기에서 조심스레 북의 식량사정이 어떻게 보였는지 물었다. 남에서 식량 지원은커녕 비료지원도 이뤄지지 않고 있는 현실 아닌가? "정확히 알 수는 없지만 병원 의사들이나 관리들 말에 이젠 살만해 갑니다 하더군요. 6월 모내기 철에는 병원 의사들 이외에는 보건상도 관료들도 전부다 모내기 전투에 나선다. 그런데 수확기에 비가 쏟아지면 너무나 안타깝다고 하더라고. 충분하진 않겠지만, 식량 확보를 위해 모두가 열심히 땀 흘리고 있어요. 남쪽에서 조금만 마음을 열어도 큰 힘이 될 텐데 말야…."

오인동 박사는 인터넷 매일을 통해 'Corea 통신'을 미국을 비롯한 해외 각 국과 남북 인사들에게 정기적으로 발송하고 있다. 오 박사의 메일을 받아 보는 이들은 1천 명이 넘는다. '통신'엔 밖에서 한반도 정세를 바라보는 그의 시각과 6 · 15선언 실천을 위한 활동등이 담겨 있다. 또한 그는 통신을 통해 남북 모두에게 쓴 소리를 마다하지 않는다. 비록 해외에서나마 분단된 조국을 위해 헌신하고 있는 '활동가'의 한 사람으로서, 조국이 더 이상 잘못된 길로 가지 않기를 바라는 간절함의 표현이다.

"미국에서 살다 보니 별의별 경험을 다하게 돼요. 특히 남쪽의 이른바 지도급 인사들이 미국에 와서 벌이는 행태를 보게 되지. 참모총장을 지냈다는 분, 국회 외교분과 의원들, 통일연구가라는 이들이 미국 주류사회의 세미나에서 보여주는 사대주의적 언행은 정말 같은 동포로써 너무나부끄러워요. 미국에서 나오는 글이나 주장을 아무런 비판 의식 없이 베껴 말하는 이들, 통일의 상대자인 북녘 인사라고는 만나보지도 못한 보수 학자들과 언론인들. 그들은 북에 대해 아무 것도 모르는 외국인들의 글 따위에 큰 비중을 두고 '따라하기'를 하고 있지."

그는 남과 북이 주체가 되어 평화와 통일을 위한 여건을 형성해 나가야 한다는 당연한 진리를 '당연히' 알고 있고, 또한 강조한다. 붕괴하지도 않을 북을 압박 할 것이 아니라, 통일로 가는 과정의 동반자로 만들어 가자는 소리다. 한겨레 통일문화상 시상식에서의 강연은 이런 그의 신념을 그대로 보여줬다.

"남북관계가 극도로 나빠진 현 상태로는 정부가 교류 · 협력사업이라도 다시 하려면 훨씬 크게 '더 퍼주어야 할' 처지가 되었다. 이미 정상회담을 위한 비밀접촉에서 그렇게 제안했다는 얘기도 들리더군요. 그러니 이대로 나가다가는 대북 압박정책 3년여에 '중국에 잃어버린 북 5년'이 될 것입니다. 천안함 폭침 맞고 스텔스 무기 사고' '연평도 쑥밭 되어 미사일 방어체계' 하고, '국방개혁 307'해서 국방비 늘인다고 합니다. 65만 국군에

300억 달러 쓰고도 110만 군대에 50억 달러 쓰는 북을 제어 못한다는데, 500억 달러를 쓰면 할 수 있을까요? 가장 확실한 안보는 군비확충이 아니고 평화체제 구축입니다."

물론 그의 쓴 소리는 북에게도 향한다. 남녘 동포들과 소통에 나서라는 간곡한 호소이기도 하다.

"북은 통합의 상대인 남녘 국민들의 마음을 얻어야 합니다. 남녘 동포도 북녘 형제가 국제적 불량아로 인식되지 않기를 바라고 있습니다. 북이 비이성적이고 불량한 사회가 아니란 것을 남녘 국민이 이해할 때 교류 · 협력은 쉬워지고 통일의 희망은 커집니다. 북의 원칙에 입각한 자주성 · 자존심으로 강대국들(중국, 소련, 미국을 포함해서)과 맞서서 결국은 이겨내 온 실력을 격려하는 남녘과 해외동포들도 많습니다. 예전에는 '당이 결심하면 우리는 한다' 였는데, 이제는 '조선이 결심하면 한다'라고 바뀌었더군요. 왜 남북이 만나 흉금을 털어놓고 못 합니까?"

평양의학대학병원에서 만나는 순박하고 정겨운 의사들, 때묻지 않고 마음씨 고운 간호사들, '체'하거나 '척'하지 않고 수수한 국가 관료들 모두 오 박사에겐 다 같은 동포였다. 너무나 고마워하는 그들이기에 차마 수술가방을 가지고 오지 못하면서도, 느끼는 보람은 어디에서도 경험할 수 없었던 소중한 것이었다. 오 박사와 이들과는 이미 "통일을 다 했다."

앞으로도 오 박사는 양손에 무거운 수술가방을 들고 평양을 향할 것이다. 그가 할 수 있는 것이 바로 '그것'이기 때문이다. 아무런 대가가 없어도 그저 환하게 반겨주는 동포들이 있다는 사실만으로 그의 손은 무거워도 마음만은 한없이 가벼울 것이다. 아무리 세월이 흘러도 변할 수 없는 것들이 있다고 한다. 그것이 증오이든, 사랑이든 인간의 마음이라는 것은 다 같을 것이다. 모두 존중하자. 모두 그렇다고 치자. 하지만 하나 더, 오 박사의 마지막 당부 역시 함께 가슴에 담자. 일단 그거면 됐다.

"남과 북, 모두 병든 다리를 갖고 있습니다. 다리 치료하는 이 정형외과 의사의 말입니다. 한 발로 서자니 불안정하고 자신이 없습니다. 남과 북이 한 발씩 균형을 잡고 서면 모국의 앞날이 창창할 것입니다."

한 북녘외교관의 절규

2011년 6월 평양의학대학병원에서 인공관절치환 수술을 돕고 서울에 갔을 때 월간지 「민족21」과 한 「오인동 특별인터뷰」 기사가 게재된 7월호를 미국에서 받아보았다. 마침 조국의 남과 북에 쏟아진 호우로 여러 지역이 물바다가 되었다는 보도에 우울해졌던 7월 하순, 북녘 인사들에게 아래 편지를 보냈다.

—

6월 하순 서울을 떠난 뒤 장마가 계속 된다는 얘기를 마음 조이며 들어 오던 중 드디어 지난 주에는 폭우가 쏟아졌다지요. 여러분이 모내기 하고 가꾸었던 논과 밭이 물바다가 된 모습이 떠올랐습니다. 작년엔 추수계절에 그러했다던데 어째서 또 이렇게 북에는 (…) 잘 이겨내실 줄 믿습니다. 이번 남과 북녘 조국방문에서 새로 만난 많은 소중한 분들에게서 온 편지에 답하느라고 많은 날 들을 보냈습니다. 거의 한 달이나 밀려온 병원일에도 바빴지만 새 인연들과 소통하는 것처럼 즐겁고 보람찬

일도 없었습니다. 모두들 앞으로 함께 해나가야 할 고귀한 동지들이라는 벅찬 기대 때문이었습니다.

수술 일정도 다시 자리 잡혀 가던 중 문득 생각난 게 첨부하는 제 '특별인터뷰' 기사 입니다. 정용일 편집국장과 노련한 염규현 기자가 제 뜻을 잘 정리해 주었습니다. 뭐, 그래 봤자 우리 서로 많이 나눈 얘기의 절반도 안되지만 문득 7월이 다 가기 전에 보내 드려야겠다는 생각이 났습니다.

오 인동 (2011-07-23)」

—

1주일 뒤, 몇 번이나 만나 대화를 나눈 적이 있는 한 외교관이 아래 편지를 보내왔다. 나는 이 편지를 [Corea통신]에 실어 남북해외 6.15위원과 지인들에 보냈다. (2011-08-18)

—

존경하는 박사님, 혼자서 읽자니 너무도 가슴이 뜨거워지는 오박사님의 이야기, 친구나 형제 같은 사람들에 대해 남녘의 사람들도 함께 느끼면 얼마나 좋겠는가 고 하신 말씀과 북이 원칙 있는 자주성과 자존심으로 강대국들과 맞서왔다는 말씀에는 눈물이 났습니다.

우리는 태고적부터 한 지붕 밑에서 살아온 형제, 앞으로 그렇게 살아야 할 형제가 아니겠습니까! 일제총칼 밑에서 북에서만, 아니면 남에서만 죽어가고 피 흘렸던가요? 그 형제나 친구 같은 다정함을 느끼는 사람들, 느껴본 사람들이 너무도 적어서 아직도 이렇게 서로 싸우고 있는가요?

그러면서도 지난 날 우리 민족을 소와 말처럼 부리고 죽이던 그 외세, 우리 민족을 저들의 구미에 맞게 료리를 한다고 둘로 칼탕쳐 갈라 놓은 외세는 살붙이처럼, 형님처럼 모시면서도 그 외세 밑에서 함께 피 흘리며 고생한 형제들과는 원쑤처럼, 그것도 반세기가 넘도록 그렇게 지낸다는 것이 말이 됩니까!

자기 형제의 체취도 못 느끼며 살고 있는 우리 민족의 슬픔에 그저 슬프기만 해서가 아니라 너무도 억울하여 눈물이 납니다. 형제로부터 상처를 받았을 때는 남에게서 상처를 받았을 때보다 더 억울하고 눈물이 나지 않습니까!

갈라진 그 절반만이라도 다시는 상가집 개만도 못한 망국노, 외세의 롱락물이 되지 않자고 피눈물을 흘리며 자기를 지켜왔습니다. 차라리 굶고 헐벗어도 다시는 망국노가 되지 말자, 다시는 외세의 종이 되지 말자고 이를 악물고 지켜왔습니다.

지키고저 했던 것은 단지 북이라는 나라의 절반이 아니라 우리 민족 이였습니다. 그래서《우리 민족의 자주성, 우리 민족의 자존심》이라고 하지《북의 자주성》이라고 말하지 않습니다.《외세로부터 우리 민족을 지키자》고 하지《북만 지키자》고 하지 않습니다.

우리가 비록 잘 먹지 못하고 잘 입지 못하면서라도 지켜야 할 이 민족의 운명,《무적의 황군》,《대일본제국》과 맞서 굶주림과 혹한, 적의 총탄에 쓰러지면서도 북이라는 절반이 아니라 온 민족의 나라를 되찾자고 헤쳐온 항일의《고난의 행군》을 왜 오늘조차 북에서만 다시 하여야 합니까! 왜 북에서만 우리 민족을 외세의 지배로부터 지켜야 할 의무가 있습니까!

만약 그래야 한다면 우리 민족을 노예로 만들었던 그 외세, 우리 민족을 둘로 갈라놓은 그 외세에 어느새 남녘이 그 한 부분이 되였거나 이미 그 종이 되여 버렸다는 말입니까! 허리띠를 졸라매면서도 지키고저 했던 우리 민족의 남쪽 절반이 결국 북만이 아니라 우리 민족을 종으로, 먹잇감으로 만들려 하는 외세, 더는 우리 민족이 아닌 외세로 되여 버렸다는 말이 되지 않습니까!

아니면 어느새 벌써 그들의 종이 되여 버렸거나 자기 동생을 죽이고《Am I my brother's keeper?》라고 대답하는 Cain이 되여 버린 것이 아닙니까! 그래도 Cain은 자기 혼자서 제 동생을 죽였습니다. 다른 사람들과 작당까지 하면서 그러지 않았습니다. 그것이 죄라는 것을 알았기에 남에게 알려질 가 두려웠고 그래서 거짓말까지 하는 것입니다.

북이 외세를 상대로 하자니 그 외세의 한 부분이 되여 버린 남과도 상대로 하여야 하는 것입니까 . 그러면서도 그 남까지 포함하여 제 민족을 지키고저 합니다. 이것은 비극이 아닙니까! 박사님의 말씀대로 두발로 선 우리 민족, 그 온전한 우리 민족을 찾는 것은 그래서 힘이 부친 것입니다.

제 형제끼리 마음과 힘을 합치면 우리 민족은 온전하게 되여 세상이 부러워하고 존경하는 민족이 될 것입니다. 바로 그것을 지난날 우리 민족을 총칼로 유린하고 제 입맛에 맞게 료리 하던 외세가 제일 바라지 않는 것입니다. 그것도 괜찮은데 바로 그 형제가 그에 춤추며 그 입맛을 섬기는 것입니다. 그러니 왜《고난의 행군》이 아직도 계속 되지 않으면 안되겠습니까!

북이 남의 무엇을《리해》해야 할 가요? 북도 남처럼 외세를 잘 섬기면 될 가요? 사랑과 박애, 평등으로 다른 민족과 다른 나라, 다른 체제와 문화, 종교도 존중하고 공정하게 대할 줄 아는 그런 외세던가요? 자기와 냄새가 조금만 다르면 무자비하게 물어 뜯어버리는 쟝글 속의 동물과 조금도 다름이 없는 그런 야생적인 외세가 아니던가요?

귀하신 박사님. 외과의사이신 박사님께서 오히려 온화하고 따뜻하게 말씀하시는데 아직 미숙하여 여유가 없는 저는 이렇게 너무도 꺼리김 없이 소리소리 지르며 절규를 하고 있습니다. 박사님께서 널리 리해 하시고 나무람하지 않으시리라는 것을 알고 이러는 것입니다. 후에 만나 뵈울 기회가 있을 때 박사님의 질책을 듣겠습니다. 용서하십시요. 부디 건강하십시오.

—

결국 우리는 한겨레! 온갖 상념이 머리를 휘저었다. 우리는 어떻게 남과 북 민중의 마음을 잡고 따뜻한 용서와 화해를 하고, 협력 번영의 길로 나아가야 할까? (2011-08-18)

---

*위는 저자의 [Corea통신] 글에서

3대 세습의 왕조국?

김일성-김정일-김정은으로 이어지는 북의 봉건시대적 3대 혈통세습행태는 현세에 어처구니 없는 일로 비난받아 마땅하다. 2대 김정일은 오랜 승계수업 뒤에 이뤄진 반면 3대 김정은 세습 준비는 2008년 여름 김정일 총비서의 건강문제로 인해 급하게 떠 올랐다. 만일의 경우 어려움에 처한 북이 지향해 온 가치의 정권을 탈 없이 이어가기 위한 궁여지책 이었으리라. 그가 27,8세의 청년이지만 백두혈통의 자손이라며 승계과정을 서둘렀다. 우리나라 봉건왕조도 혈통세습이 원칙이어서 이에 어긋나면 반역 · 정변도 일어났다. 북의 유일사상 · 지도체제에서는 당연하다 할지라도 세습행위는 극복해 가야 할 북녘 역사발전의 한 단계이다. 김정은 제1비서의 젊은 나이 자체가 문제는 아니다. 우리나라의 광개토대왕, 이방원, 세종대왕을 비롯해 동서양 역사에 30대 전후에 최고지도자가 되어 커다란 업적을 남긴 예도 많다.

2011년 12월 김정일 총비서가 급서하자 북에선 전국이 울

음바다가 되었고, 남에선 북 정권 변환에 관한 분석과 온갖 억측 · 예측 기사가 판을 쳤다. 1994년 김일성 주석이나 이번 김정일 총비서 타계에도 3-3-3붕괴설 즉 3일 아니면, 3개월 이면 망한다는 식의 예측이 난무했다. 결국 남녘만이 조문문제 등을 놓고 한바탕 사회적 혼란을 치렀다. 그러나 그는 추대 절차를 밟아 원수 칭호까지 받았으며 김일성 주석 탄신 100주년에 김정은 제1비서는 자주, 선군, 사회주의 길을 따라 강성국가 건설로 나간다고 공개연설까지 했다. 이례적으로 인공위성발사 실패를 곧 공표했고 열병식에서 대륙간탄도미사일을 공개함으로써 핵미사일 군사강국임을 과시했다. 남측 사고체계로는 3대 세습까지 마다하지 않은 북의 유일사상 영도체제를 이해하기도 힘들 것은 물론이다. 그러나 그런 북이 남과 다른 점이니 틀렸다고 해서 북이 달라질 일도 아니다. 남이 해야 할 일은 3대에 걸쳐 이어온 북 체제를 있는 그대로 보며 상대하며 앞날을 기약하는 것이 현명한 일일 것이다.

문제는 북이 당면한 처지에서 최선책으로 택한 세습지도자를 남에서 조롱이나 비난으로 목소리 높인다고 북이 달라질 것은 없다는 사실이다. 다른 나라 얘기가 아니고 통일의 상대인 우리의 반쪽의 일인 것을 인식하고 대해야 한다. 하여 남은 그런 북과 만나서 대화하며 직접 비난도 하고 이해도 하며 소통하다 보면 공감도 신뢰도 생기고 또 대안도 나오는 것이다.

우리 민족사의 관점에서 보면 백성들이 가난에 굶주리고, 반상계급제로 억압 받고, 나라는 대국에 대한 사대로 침탈만 당해왔다. 그런 속에서 민초들이 갈망했던 것이 춥고 배 곯지 않는 여유, 일상생활 에서의 평등과 자유였고, 선대 독립운동가들은 식민국에서의 해방과 자주독립국의 열망이었다. 이러한 이상을 당시 공산/사회주의 이념에서 찾으려 했던 북이 먼저 평등, 자주, 복지를 이뤘다. 남은 자본주의 이념에 따라 풍요, 자유, 민주를 이루웠지만 미국에 종속되어있다. 역사의 전변으로 반외세의 자주국 북은 지금 혈통세습국이 되었고, 외세의 가치에 힘입은 민주국 남은 반외세로 주한미군을 철수시켜야 하는 과제를 안고 있다. 이 모두 분단의 고리 때문이다. 남북이 연합방하며 겨레의 문제들을 풀어야 할 때이다.

내가 미국시민으로 북녘 방문에서 보고 만난 모든 인민들은 당에 의해 계도되었다 하더라도 친민족, 친통일주의자 들이다. 그런데 남에서 친민족. 친통일 하는 사람들을 친북이라고 부르는 자체가 잘못된 것이지만 이를 두려워할 이유 또한 없다. 북에서도 남과 해외동포를 그리워하고 친하려는 인민을 나쁘다고 할 이유도 없다. 서로 좋아하고 친해야 밥도 먹고 대화도 하고 그래서 신뢰도 싸인다. 서로 욕하면 싸움은 하지만 대화는 안 된다. 북녘이 지닌 어떤 좋은 가치에 숭북하는 것도 좋고, 북에서 남의 어떤 가치가 좋아 숭남하는 것 또한 바람직하다.

자주와 남북 공동번영평화를 추구하는 사람들을 반미주의자라고 부르는 남녘 수구세력을 애국 미국시민인 재미동포는 종미 · 사대주의자로 생각하며 실은 그렇게 굽실거리는 남을 속으로 가련하게 생각한다. 이런 행태야 말로 수구보수가 분단의 모순을 먹고 사는 철 지난 반공집단 임을 반증하는 것일 뿐이다.

역사와 시대에 둔감하고 상식과 합리성에서 열등감에 젖은 수구세력이 말문이 막히면 들이대는 말이 종북 아니면 빨갱이다. 민족이니 자주니 하는 화두는 한 나라의 보수세력이 지니고 지켜야 할 소중한 가치인데 오히려 반대이다. 남녘에 종북 빨갱이가 활개치고 있다고 한탄하는 수구보수는 이성적으로, 지적으로, 정신적으로도 얼마나 초라하고 가여운 존재인가?

인간세상 어느 공동체나 지니고 지키려는 가치가 바로 자주, 자립, 주체라 할 수 있다. 1972년 자주-평화통일-민족대단결의 남북공동성명을 한 박정희 대통령을 추종하는 세력이 친민족 · 평화통일 인사를 종북이라 하는 것은 자기 발등에 도끼를 찍는 꼴이다. "자주역량 구축과 주체의식 확립", "자주국방과 자립경제 달성이 지상목표", "투철한 자주의식과 민족주체의식의 국력 확보"는 바로 박정희 대통령이 주장한 표어들이다. 그들 사고대로라면 박정희가 곧 반미종북좌파며 빨갱이가 되는 것이다. 나아가 남녘 수구보수계가 진보계를 종북이라 칭하면 북의 세습체제는 진보적이라는 말이 된다. 세습정권이야 말로 북녘판 수구보수가 아닌가? 그렇다면 남녘에서 북과 비슷한 집단은 바로 수구보수계 임을 자각해야 한다.

북은 남과 통합 해야 할 상대이다. 북이 악마라면 천사로, 남이 허수아비라면 주인으로 만들어 통합해야 할 상대이다. 이 지긋지긋하고 어처구니 없이 어리석은 분단 짓 끝 내고 남북 연합방을 이루자는 것이 바로 나의 꿈이다. 우리의 역사는 뜻 있는 우리가 만들어 가는 것이지 남들이 해주는 것이 아니다.

---

*위는 저자의 [Corea통신] 글에서

남 인공위성,
북 '은하로켓'으로 올리자

북이 2012년 4월 실용위성 광명성을 발사한다고 발표했다. 한편 김정일 위원장 서거 100일 추모사에서 "가장 준엄한 시련의 시기에 (…) 민족의 운명, 사회주의를 수호하고 조국을 (…) 핵 보유국의 지위에 올려 세우신 것은 (…) 민족만대를 위한 (…) 공적"이라고 했다.

1994년 취임하자마자 닥쳐온 고난의 행군 시기를 이겨내고, 미국의 '압살정책' 속에서 체제를 지켜내고, 나라의 자주권 확보를 위해 핵 보유의 유산을 남겼음을 일컫는가 보다. 언젠가는 통합해야 할 갈라진 조국의 반쪽에 있다는 핵이 우리 민족만대를 위한 공적이 될 것인지 해악이 될지 남북이 함께 논의해 보아야 할 일이다.

마침 세계핵안보정상회의 참석차 서울에 온 오바마 미국대통령이 곧바로 비무장지대(DMZ)로 달려가 군사분계선 너머 북녘 전선을 쌍안경으로 주시하는 모습이 보도 되었다. 취임 전부터 북과 대담하고 직접적인 대화를 하겠다던 그가 남북갈등이 악화된 최전방에서 "광명성 3호를 발사할 경우에 '2.29합의'에 따른 영양지원은 없을 것이며, 유엔 안보리를 통한 제재를 하겠다."고 했다. 이명박 대통령과 회담 뒤에는 "북은 장거리미사일 발사 임시중지를 합의했는데, 이는 약속을 위반하는 것이며, 북의 고립을 더 심화시킬 것이다"고 이 대통령 귀에 솔깃한 말도 했다.

북이 자체 기술로 지구관측위성 '광명성 3호'를 장거리로켓(미사일) '은하 3'으로 발사 하겠다 하자 남과 미국, 일본 등 여러 나라가 반대하고 나섰다. 인공위성이라는 핑계로 장거리 미사일 발사실험을 하려다는 것이다. 이 위성 발사가 성공하면 이에 핵탄두를 장착하면 미국 본토도 사정권에 든다는 우려인가 보다. 북은 이 위성이 산림자원분포, 자연재해, 알곡예정 수확고 등을 판정하고 기상예보와 자원탐사를 수행할 것이라고 한다. 북은 "위성발사가 장거리미사일과 같은 탄도미사일 기술을 이용하기 때문에 할 수 없다면 우리는 위성발사 권리를 영원히 잃게 된다"고 반박했다. 실제로 남과 일본, 이란 등 모든 나라가 아무 반대 없이 탄도미사일 기술로 인공위성을 궤도에 올렸다. '우주공간을 평화적으로 개발 이용하는 것은 모든 국가의 권리'라는 우주조약(Outer Space Treaty)에 따라 북은 발사할 것이라고 한다.

한편 이명박 대통령은 "…미 · 북 합의를 위반한… 도발적 행위라며 발사 계획을 철회해야 한다는 데에 미국과 함께한다" 그에 이어 "…한미간 공고한 연합방위태세를…강화해나가는 동시에 북한의 어떠한 위협과 도발에도 단호히 대처해 나가기로 했다"라고 했다. 미국이 지켜준다니 든든하다는 얘긴가 보다. 굶어 죽는 지경이라 조금만 더 압박하면 곧 붕괴할 거라고 해외동포 앞에서 몇 번이나 얘기한 이 대통령의 북에 대한 반응치고는 초라하고 궁색하게 들린다. 미국은 남에서 국익을 챙기느라고 그렇다 치더라도, 남이야 늘 국손(國損)을 보며 한미동맹만 되뇌어서 결국 무엇을 이뤄보겠다는 것일까.

오바마가 말하는 2.29합의에 대해 북은 "3차례의 조미고위급회담에서 시종일관, 위성발사는 장거리 미사일 발사에 포함되지 않는다는 것을 명백히 밝혔다"고 했다. 즉 합의에 들어있는 것은 미사일이지 인공위성이 아니라는 것이다. 서로, 아니라 하니 뒷날 밝혀질 일이다.

북은 위성발사 규정과 절차에 따라 발사장소와 미사일 궤도 및 다단계 로켓분리 등 자료를 국제민간항공기구, 국제해사기구, 국제전기통신연합 등에 통보했다. 뿐만 아니라 이번에는 다른 나라 우주과학기술부문 전문가들과 기자들을 초청하여 발사장과 관제종합지휘소 등을 보여 주겠다고도 했다. 이번 인공위성 발사는 김일성 주석 탄생 100돌, 김정일 강성국가 원년, 김정은 총비서 추대 등을 선언하는 축포성 행사로 국내외에 보여주려는 모양이다.

북이 과거 두 번의 실험위성 발사를 거치고 이제는 실용위성을 궤도에 올릴 수 있는 미사일 기술로 발전한 모양이다. 한편 남은 미국의 견제로 사거리 300㎞ 이상의 미사일 개발을 못하고 있다. 그래서 나로호 위성을 러시아미사일에 실어 발사했다가 여러 번 실패했다. 이제는 일본에 큰 돈 주고 발사를 부탁하려고 한단다. 독도는 일본 땅이라 계속 우기지만 이명박 정부는 한미합동대북군사연습에 일본자위대까지 참여시켜 그 자신만의 용서와 화해의 관용을 보여주었다. 하긴 남은 일제강점 35년에 시달렸지만 20년 만에 수교를 했고, 6.25전쟁은 60년이 지나고도 북과는 화해할 수 없는 상대로 규탄하고 있다. 6.25 전에 매일같이 부르짖던 북진 무력통일은 낭만이고 북의 남진통일은 불륜이라는 모순을 자각할 때 통일은 우리에게 다가올 것이다.

남녘동포들이 올바른 역사인식, 냉철한 시대인식과 동맹은 일시적이지만 민족은 영원하다는 의식을 가져 주기 바란다.

분단국의 제1목표는 통일이다. 통일 이득이 분단비용 보다 얼마나 더 큰지 알아야 한다. 화해 · 협력 · 교류가 바로 경제협력이고 평화가 복지를 보장 한다. 2012년 12월 대통령선거 뒤에는 남북이 주도권을 틀어쥐고 빠른 시일 안에 남북연합방 합의를 내 와야 한다. 우리 일은 결국 우리가 해내야 한다. 우리끼리 하겠다는데 누가 감히 우리의 운명을 좌지우지 하겠다 하겠으며 할 수 있겠는가? 아니 우리는 이런 일을 이미 해 보았다.

2000년의 6.15 남북공동선언이 그것이었고, 2007년 10.4평화번영선언 또한 같은 것이었다.

떠나온 조국에서 일고 있는 위성이냐, 미사일이냐 라는 논란을 지켜보며 한 가지 희한한 생각이 들었다.

"2013년 남북이 만나 Corea연합방을 선포하고 남의 정교한 인공위성을 북의 은하로켓에 실어 궤도에 올리자."

세계 어느 나라도 우리에게 위성이냐, 미사일이냐 이냐 하는 시비는 못할 것이다. 이것은 몽상이 아닌, 실현할 수 있고 실현해야 할 꿈이다.

위의 글은 북의 인공위성 발사 전인 2012년 3월 31일 남녘 「통일뉴스」에 게재되었다. 남녘 보수계 친구는 "1%라도 가능성이 있나? 가능성 0% 인 제안은 '말장난'일 뿐이라고 반응해 왔다.

북녘의 수신자는 "그런 꿈은 사실상 이미 완료형 현실로 충분히 되었을 수 있는, 단지 실현되지 못한 현실임이 안타깝다"고 전해 왔다. 남북재외동포 모두가 꿔야 할 꿈이다.

위 글은 2012년 4월 6일 북녘 「조선중앙통신」에 저자 이름 없이 게재된 것을 뒤에 알게 되었다.

남의 국민과 북의 인민들이 똑 같은 꿈을 꾸고 있는 말 없는 소통과 공감이라고 생각되었다. 4월 13일 북의 인공위성 발사는 실패했다. 그리고 12월 12일 북은 광명성 위성을 궤도에 올려 놓는데 성공했다.

지피지기, 역지사지 해야

남의 핵개발 주장은 미국의 핵 위협 때문에 나라의 자위를 위해 강요된 핵개발을 했다는 북의 입장과도 일치한다. 그러고 보니 남의 수구세력은 숭미나 종미를 넘어 북의 주장을 대변하는 종북세력이 아닌가? 더구나 "핵을 머리에 이고 살 수 없다"는 얘기도 6.25 전쟁 때부터 미국의 핵을 머리에 이고 살아온 북의 입장을 잘 이해해 주고 있다. 북의 핵과 남의 핵무장 주장을 놓고 남과 북의 입장이 이렇게 일치하는 지경에 이르렀으니 아마도 민족통일은 멀지 않은 것 같다.

북과 미국이 합의했던 수 많은 합의사항은 대부분 다 미국이 어겼다는 것을 역사적 사실로 보여 주면 남녘에선 빨갱이, 요새는 '종북'이라니 할 말이 없다. 어떤 사태에 대해 논리적으로 대꾸할 말이 없으면 수구세력들은 무조건 '좌빨'이라고 하는 것이 전가의 보도이다.

2013년 2월 북의 3차 핵실험을 본 남은 미국으로 달려가 대북 제재 · 압박을 강화하는 유엔 안보리 결의를 촉구 했다. 이어서 여권 인사가 미국을 방문하는 한편 중국에도 달려가 북을 제재 · 압박 해 달라는 외교를 벌렸다. 사대주의가 몸에 잘 절어든 경제강국 남한은 자신의 역량도 위세도 인식하지 못한 듯 통합의 상대인 북을 망하게 해 달라고 두 대국에 조르고 있다. 이런 남을 봉으로 잘 이용해온 미국은 기뻐하고 있을 테고 중국도 남의 이런 속성을 잘 아는지라 남과 북을 조절해 가며 G-2의 위상 재고에 이용할 것이다. 양국이 남한의 간청을 들어준다면 앞으로 받아 낼 반대급부 사항을 차분히 수첩에 적어놓고 있을 것이다.

유엔이 미국 의도에 따라 북을 제재하는데 중국도 국익에 따라 협조해 왔지만 북이 중국이 원하는 대로 따르기만 하는 그런 나라도 아니다. 북은 안보리 제재 결의에 동의한 중국에게 "대국으로의 본래 모습을 잃고 미국에게 끌려 다니는 쓸개도 배알도 없는 나라" 라고 했다. 그렇다고 북이 미한합동 대북전쟁연습을 못하게 해달라고 중국에 부탁했다는 소리는 못 들었다.

'…국제규범과 약속을 어기고 개성공단 운영을 중단시킨다면 북한에 투자할 나라와 기업은 없을 것'이라는데 근본 원인이 무엇인지 돌이켜 보아야 할 것이다. 북에 투자할 다른 나라 염려 말고 남이 몽땅 다 투자해서 더 큰 돈 버는 것이 더 현명할 것이다. 게다가 개성공단을 국제화 해야 한다는데 그렇게 되면 근로자 임금도 노동조건도 국제기업 기준에 맞춰야 한다는 것을 알고 하는 말인가? 어느 국내기업이 공단에 들어가 사업을 하겠다고 할까?

얄궂은 얘기지만 한반도 상황을 이 지경으로 만들어 놓은 이명박 정부의 공로가 하나 있다. 부시가 망쳐 놓은 북핵 문제 등을 오바마가 북과 직접 대화로 해결해서 노벨 평화상을 미리 받은 값을 세계에 자랑해 보려 했을 법하다. 그런데 이 대통령이 북을 좀더 압박하면 곧 붕괴된다며 못하게 한 경제강국 '대한민국'의 실력을 입증한 사실이다. 즉 남이 결심하면 미국도 우리 뜻에 따르게 할 수 있다는 역량을 보여주었다. 그게 미국에 퍼주며 얻은 얄궂은 대가이지만.

개성공단의 북 근로자 5만에게 연 $8천만 주는 것은 알고, 1960년대 독일에 파송한 광부나 간호사 들이 그랬던 것처럼 중국에 송출한 북 근로자 10만이 연 $3억을 벌고 있는 사실도 알아야 한다.

한미 정상회담에서 나온 '한미동맹 60주년기념 공동성명'에 평화체제에 대한 얘기는 없었다. 마치 지난 60년 굳건한 한미공조로 평화협정체결을 성공적으로 저지해 정전체제를 유지해 온 것을 축하하고 앞으로도 계속 하자는 성명서 같았다.

미국의 핵우산 강화를 다짐 받고 북에게 핵 폐기를 요구하며 평화통일 이라니 이게 남이 추구하는 정책인가? 미국은 북핵의 폐기를 원하지 않는다는 것도 유의해야 한다. 남이 미국과 '격상된 동맹과 강력한 대북억제력을 유지하되 대화의 문은 열어두겠다'니 북이 그 문으로 들어 오겠는가?

DMZ 안에 '세계평화공원'을 만들자는 애기를 북에다 제안하는 것도 아니고 왜 미국에게 말 하나? 허락을 받으려 하는 것인가? 그런 애기를 하려면 금강산관광 재개와 개성공단 재가동 애기를 북에 먼저 해야 하는 것이 순리가 아닌가…. 인민생활 향상을 위해 '핵 무력 건설과 경제건설 병진노선'을 북이 내 세웠더니 이를 추구하게 할 수는 없다고도 했다. 그러면 핵무기 계속 만들라는 애기인가. 그 깊은 뜻을 헤아릴 수 없다.

밖에서 조국을 보면 남의 전 정부와 현 정부 인사들이 북을 너무도 모른다는 느낌이다. 현직 전직 대통령 주위를 살펴보니 조국의 분단역사에 대한 내공을 했거나 북과 대화, 협상 해본 전문가나 관료가 보이지 않는다. 6.25가 북침전쟁이었다는 엉터리 설문 조사 결과를 들고 나와 교육의 잘못을 말하게 하는 것이나, 북의 인공위성 발사장 건설에 8억 달러가 들었다며 굶는 인민 2년치 식량을 살 수 있는 값이라고 말하게 함으로서 망신 주는 분들만 주위에 있는 모양이다. 주한미군사령관 밑에서 기어온 현역, 전역 장성이나 종미사대 하는 반북외교관리들 뿐인 것 같다. 수구언론의 필진들도 네오콘 미국 관리들과 탈북자들 이외엔 북녘에 가보지도 북녘 사람을 만나 얘기라도 해 본 적 없는 사람들인 모양이다.

정전체제를 더 이상 종미동맹으로 끌고 가는 것은 겨레통합과 나라통일에 도움이 될 수 없다.

전쟁 뒤 20년 동안 상상도 못했던 "자주.평화통일.민족 대단결"의 원칙을 밝힌 7.4공동성명도 6.15도 10.4선언도 남북 지도자가 의기투합해서 해낸 것이다. 우리 겨레가 가야 할 길은 오늘도 북과 먼저, 내일도 남과 먼저, 모레도 또 언제나 남북이 먼저 대화하고 소통하고 합의하고 실행해 나가야 하는 길이다.

---

*위 글의 일부는 「프레시안」(2013년 4,5월)기고 글에서 발췌한 것임.

정 이월 다 가고

"정 이월 다 가고 삼월이라네, 강남 갔던 제비가 돌아오면은 이 땅~에도…."

이 얼마 만에 듣는 노래인가. 관객들이 가득 찬 축구장 넓은 잔디 위에서 한복을 입은 한 중년 사내가 달랑 북 하나의 장단에 맞춰 노래하고 있었다. 서울 상암경기장에서 벌어진 남북통일 축구경기 TV중계 화면이다.

옛날부터 귀에 익었던 노래였다. 소리빛깔과 가락은 낯설었지만 가슴 속 깊이 묻혀 있던 한(恨)을 토해 내듯 불러대는 소리에 나는 그만, 깊숙이 빠져들고 말았다. 그는 모국의 소리꾼 장사익 이었다. 어렸을 때 동네 여자애들이 고무줄 놀이하며 부르던 이 노래를 왜 이제야 다시 듣게 되었는가? 일제강점시절, 김형원의 시 "그리운 강남"에 1928년 미국 유학에서 돌아온 이화여자전문학교 교수 안기영이 작곡한 노래다. 그렇다, 이 노래는 그냥 철 없는 애들만의 노래가 아니다.

매몰찬 일제의 억압에서 해방의 봄을 그리워하던 우리 겨레의 한과 소망이 담긴 노래이기도 했다. 그래서 일본총독부에 의해 금지되었던 또 하나의 울 밑에 선 「봉선화」 같은 노래였고. 해방 후 남과 북의 음악 교과서에도 실려 마을마다 골목마다 메아리 쳤던 노래였다.

작곡가이며 성악가였던 안기영은 우리 민담 · 설화 「콩쥐팥쥐」, 「견우직녀」 같은 향토가극(오페라)도 작곡하고 공연 했다. 그 시절 창가 수준의 창작계를 한 차원 높여 우리나라 가곡의 효시라고도 평가 받는다.

그가 연희전문학교에서 음악의 길을 모색하고 있던 때 3.1 독립만세운동에 참가했다는 이유로 퇴학당했다. 이어 조선독립의 뜻을 품고 중국으로 건너가 무관학교를 다니다 독립운동가 여운형을 만나 상해 대학에 진학했다. 4년 뒤 서울로 돌아와 이화여전 음악조교를 하던 그는 1925년, 미국 유학 길에 오른다. 3년 뒤 귀국해서 이화여전에 재직하던 중 지금의 교가도 작곡했다.

그리고 1945년 해방정국에서 암살 당한 여운형 선생의 추도곡을 작곡하고 장례식에서 지휘도 했다. 좌우이념의 대립 속에 그는 좌익으로 인식되어 이승만 정부에서 음악활동마저 중지당하자 6.25전쟁 중에 월북을 택한다. 그와 함께 그의 음악은 남녘에서 사라졌다.

북녘에서 평양음악대학 교수로 재직하다 1980년에 세상을 떠난 그의 창작품들은 남녘에 민주화 바람이 불어온 1988년 말에야 해금되었다. 시대를 앞섰던 그의 기여가 뒤늦게나마 재 조명되었다. 그리고 죽은 듯 땅 속에 묻혔던 안기영 음악의 뿌리가 장사익에 의해 되살아나 우리 곁으로 다가온 것이다.

얼마 전, 로스앤젤레스 챈들러 음악당 장사익 소리판 공연에서 열광하는 3000명 관중들과 나는 함께 했다. 1부 공연에서는 '희망 한 단', '찔레꽃' 등 국악에 바탕을 둔 풋풋한 황토 빛 노래들을, 2부에서는 친근한 가요 '봄날은 간다', '동백아가씨', '님은 먼 곳에' 등을 탁하지만 가슴 시린 서정을 담아 온 몸으로 절규하는 듯 불렀다. 북과 장구의 국악기와 기타와 피아노가 어우러진 반주는 감동의 깊이를 더 해 주었고 구슬픈 듯 아득한 해금의 음색도 가슴을 파고들었다. 우리 겨레의 핏줄을 타고 흐르는 한과 끈끈한 정이 묻어나는 노래들을 그만의 독특한 소리판으로 이어 갔다. 한 판 한 판 더해 가며 무대와 청중은 하나가 되었다. 소리판을 마친 그가 "미주순회 마지막 공연에 성황을 이뤄준 여러분, 감사합니다."라고 머리 숙여 말하자 감동에 벅찬 관중들은 열광적인 박수를 보내며 모두 일어섰다.

기어이, "한. 번. 더! 한. 곡. 더!" 의 열화 같은 앙코르에 그가 안기영의 곡을 엮은'강남 아리랑'을 선창했다. 이어 객석에서도 '아리랑'소리가 흘러 나오더니 곧 무대 위 출연자들과 관객들이 모두 부르기 시작했다.

"또 다~ 시 봄 ~ 이 온~ 다네, 아리랑, 아리랑, 아라리요. ……."

이 '아리랑'을 들으며 문득 일화 하나가 생각났다. 분단 36년, 남녘 군사정권의 서슬이 시퍼렇던 1981년 11월, 비엔나에서 통일을 열망하는 해외동포학자와 기독교인들이 처음으로 북녘 사람들과 만났다. 무서운 결의에 찬, 그러나 떨리는 만남이었다. 축배를 들고난 후에도 어색하고 긴장이 안 풀려 서로들 말 문을 열지 못하고 있었다. 그때 좌중의 한 여인이 조용히 이 노래를 부르기 시작했다. 한 사람 두 사람 입이 열려 따라 부르다가 합창이 되고 끝내 모두는 눈물을 머금으며 서로를 껴안았단다.

아리랑 음율에 남과 북의 경계는 허물어지고, 아리랑 노랫말을 뇌이다 보면 우리의 목은 메인다. 이 밤 만감으로 가득 찬 나의 가슴도 쉬이 풀리지 않았다. 밤 늦게까지 잠을 이룰 수 없었다. 속으론 조용히 노래의 끝 소절을 '조국의 통일을 어서 이루세'로 바꿔 불러 보았다.

이 소박하고 더 없이 고운 「그리운 강남」을 읊은 김형원은 일제강점 당시 동아일보와 조선일보 기자로 일했다. 신경향파문학의 선구자로 활동하며 저항적 참여시도 많이 썼다. 허나 일제강점 말기에 그는 조선총독부 통치에 적극 협력했다. 해방 후 이승만 단독정부 수립 때 공보처 차장이 되었다. 뒤에 나온 친일인명사전에 그의 이름도 올랐다.

일제강점과 해방, 분단과 전쟁의 소용돌이 속에서 삶이 파란만장 하지 않았던 우리 선대 분들이 몇이나 될까? 아직도 반목과 대결을 계속하고 있는 분단조국의 이 어리석음과 허망함. 남북의 동포가 똑같이 가슴 속에 고이 간직하고 있는 아리랑 가락이 어찌 그리 아픈 굴곡의 역사를 겪어야 했나.

우리 겨레의 영혼에 들어와 어린 아이들마저 즐겨 부르던 노래를 왜 끊었다 이었다가, 버렸다 주었다 해야만 했는지! 겨레의 애틋한 소망을 담은 이 한 노래의 역사마저 우리의 가슴을 엔다. 떠난 자와 남은 자, 남아서도 갈라져 사는 가족의 아픈 사연과 수난들…, 분단 조국의 고통을 어찌 다 말로 표현하랴.

4계절이 분명치 않은 이곳 남가주이지만 매해 3월이면 공기 맑은 해안도시 산후안 카피스트라노에서 제비축제가 열린다.

우리 겨레에게도 평화와 통일의 감람나무 잎새를 물고 올 제비가 기다려진다. 그 언제 남과 북의 동포들이 한 자리에 앉아 손 맞잡고 "정 이월 다 가고 삼월이라네……"를 함께 다시 부를 날이 올까.

---

*한국산문(구 에세이플러스, 2008년 6월호)

※2013년 정 이월 다 가고 3월이 오면 "Corea 연합방"의 새싹을 키워갈 「2013년 조국의 남과 북에 바란다」는 편지(오마이뉴스 2012-10-15)에 이 수필을 첨부했다.

남과 북의 통일방안

1) 통일방안 제안의 역사

2000년 6.15남북공동선언2항에 「남과 북은 나라의 통일을 위한 남측의 연합제 안과 북측의 낮은 단계의 연방제 안이 서로 공통성이 있다고 인정하고 앞으로 이 방향에서 통일을 지향시켜 나가기로 하였다」. 이로 인해 1953년 6.25남북전쟁이 정전된 이래 남과 북이 제안했던 여러 통일방안에 대한 쟁점이 종결되었다고 볼 수 있다. 북이 제안한 '고려민주연방공화국창립방안'의 '연방제'와 남이 제안한 '민족공동체방안' 의 연합제가 내용적으로는 같다는데 남북이 합의한 것이다.

1980년, 북은 '고려민주연방공화국창립방안'을 공표했다. 남에서는 전두환-노태우 정부에 이어 김영삼 정부가 1993년에 '민족공동체 방안'을 내 놓았다. 이외에 야당 총재 김대중이 1995년에 구체화한 평화통일방안을 내놓았다.

2) 북측 '연방제 통일방안'

북의 '고려민주연방공화국'방안은 "북과 남에 존재하는 사상과 제도를 인정하고 용납하는 기초 위에서 동등하게 참가하는 민족통일 정부를 내오고 그 밑에서 북과 남이 동등한 권한과 의무를 지니고 각각의 지역 자치제를 실시하는 연방공화국을 창립한다"는 방안이다. 이는 1민족 1국가 2지역자치정부를 의미하는 1단계로 된 연방형태의 통일국가를 말한다.

국제관례에서 이념과 체제가 다른 두 정부가 함께 하는 것은 국가연합(Confederation)이다. 두 정부는 각기 국방 · 외교권을 가진다. 한편 외교 · 군사권을 중앙정부가 보유하며 지역자치정부를 거느리면 연방(Federation)국가라 한다. 그런데 북은 두 체제를 인정하는 연합적인 개념을 선택하면서도 또한 외교 · 군사권을 중앙정부에서 관할한다는 연방개념을 제시했다. 하여 이 방안은 서구식 개념으로는 모순된 것이지만 한편 독특한 방안이라고 볼 수 있다. 북은 겨레도 나라도 하나라는 원칙에서 '조선은 하나'라는 정책에 입각해 한 영토에 두 나라가 존재한다는 것은 있을 수 없다는 논리이다. 하여 남과 북에 사상과 이념을 달리하는 나라가 아닌 두 개의 지역자치정부가 중앙에 외교 · 군사권을 갖는 하나의 연방국가를 이룬다는 것이다.

유럽에서 공산권이 붕괴된 뒤 북의 김일성 주석은 1991년 신년사에서 통일은, "남북이 서로 다른 두 제도가 존재하고 있는 우리나라의 실정에서 하나의 민족, 하나의 국가, 두 개의 제도, 두 개의 정부에 기초한 연방제 방식으로 실현되어야 한다." 고 했다. 이 발언 중 1국가, 2정부 사이에 끼어든 2제도란 바로 두 지역자치정부에 외교권, 군사권 및 내치권을 갖게 한다는 것이다. 이러한 연방제 방안을 1991년 미국을 방문한 북의 조국평화통일위원회 한시해 부위원장이 미국 초기연방정부 형태와 같다고 설명했다. 이를 6월2일자 「뉴욕 타임즈」가 'Loose Confederation'이라 썼고 남한 언론에서 '느슨한 연방제'라고 번역해 쓰기 시작했다.

2000년 6.15공동선언 이래 이를 '낮은 단계의 연방제'라고 부른다. 이는 연방제로 들어가기 전에 중간단계의 필요성을 북측이 인정한 것으로 남측의 연합제 방안과 내용적으로 같은 것이다. 김일성 주석은 또 완전한 국가통일은 후대에 맡기자"고 했다. 이는 남측의 완전통일 단계와 일치하는 것이다.

북은1993년 발표한 전 민족대단결 10대 통일강령에서,

"1)전 민족의 대단결로 자주적이고 평화적이며 중립적인 통일국가,

2)민족애와 민족자주정신으로 단결, 3)공존공영 공리, 4)동족 사이의 분열과 대결 중지, 5)북침 남침 승공 적화의 위구 해

소, 6)민주주의와 통일 논의 자유와 반대파의 탄압 보복 박해와 처벌의 금지, 7)개인과 단체의 물질적 정신적 재부 보호와 남북의 과거사 용서, 8)접촉, 대화, 래왕을 통해서 이해와 신뢰 구축, 9)남북 해외의 연대정신으로 통일에 기여,

10)조국통일위업에 공헌하신 분을 높이 평가해야 한다."라고 제의했다.

3) 남측 연합제 통일방안

1993년 남측 '민족공동체(National Community)' 통일방안은 자주, 평화, 민주의 세 기조를 바탕으로 한다.

제1단계는 두 개의 정치체제의 존재를 인정하며, 남북 간에 쌓인 적대와 불신을 없애고 신뢰를 쌓기 위해 서로 교류하고 상호협력을 하는 단계이다.

제2단계는 남북연합시기로 2국가, 2체제, 2정부가 '남북정상회의'를 상설화하고, '남북각료회의'를 운영하며 '남북평의회'를 구성해서 제반 문제를 논의하고 실천하는 시기이다.

제3단계는 통일헌장에 따라 남북 총선거로 통일정부와 의회

를 구성함으로써 1국가, 1체제, 1정부의 완전통일을 이룬다는 것이다.

이 방안의 문제점은 제1단계에 제도적 장치가 없어서 구속력이 없다. 고로 실제적으로는 2단계 방안이다. 제2단계에 과도기적인 중앙정부단계(연방제)를 거치지 않고 직접 통일로 가는 데는 무리가 있다.

4) 김대중 '3단계 통일방안'

'평화공존-평화교류-평화통일' 원칙에 따라 3단계를 거쳐 통일을 이룬다는 것이다.

제1단계는 공화국연합(Confederal Republic)으로 1연합, 2독립정부 방식으로 양측에서 동수의 대표로 공화국연합기구를 구성해서 보장된 틀에서 교류협력하며 통일을 준비한다.

제2단계는 연방제(Federal Republic)로 1연방, 2지역자치정부의 통일형태로 외교와 국방은 연방정부가 장악하고 내정의 자율권은 지역자치정부가 갖게 된다. '연방대통령'을 선출하고 '연방의회'를 구성해서 유엔과 각 나라들과의 국교를 단일화한다.

제3단계는 1민족, 1국가, 1정부의 통일국가를 실현한다. 이는 남측 방안의 제3단계와 같고, 북쪽 방안에서 '제도적 통일'을 여기에서 완성하는 것이다.

5) Corea공화국 통일방안

남과 북의 어느 통일방안이든 합리적이고 현실적이며 전민족 구성원 대부분의 뜻에 따르는 방안이라면 환영 받을 것이다. 그러나 6.15선언과 10.4 선언이라는 분단사의 분수령 이전의 방안들은 이 시대에 부응하는 새로운 방안으로 정립되는 것이 바람직하다는 생각에 해외동포인 나는 고리공화국 (Corea Republic) 통일방안을 제시했다.(「통일의 날이 참다운 광복의 날이다」,오인동, 솔문, 2010) 남북의 현 체제와 정부를 유지한 채 교류 · 협력 · 왕래하는 시기에 구속력을 주는 남북연합방(남 연합제/북 낮은 단계 연방제)을 제1단계로 해서 경제공동체를 운영하고 그 뒤 외교 · 국방은 하나로 하는 1국가, 2정부의 남북연방공화국의 제 2단계로 진입하고, 마지막으로 1국가, 1정부의 통일을 이루는 3단계 방안이다.

10.4선언에 "남과 북은 현 정전체제를 종식시키고 항구적인 평화체제를 구축해 나가야 한다는데 인식을 같이" 한다고 합의

한 바를 따라 제1단계를 제도화 해야 할 때이다. 남북연합방 시기에 엄청난 경제부흥을 이루어 남북주민들이 풍요와 복지를 누리게 되는 청사진을 필자의 「2013년 조국의 남북에 바란다」(오마이뉴스, 2012년 10월)와 「남북 연합방의 꿈」(한겨레신문, 왜냐면, 2013년 6월)에 발표했다.

남측도 북측도 다 좋은 민족사회 건설을 지향하고 있다. 앞으로 통일조국은 일차적으로 남과 북 그리고 해외까지 포함된 8천만 겨레가 추구해 온 이상과 소망을 조화롭게 실현하는 나라이어야 할 것이다. 올바른 역사인식, 냉철한 시대인식, 따뜻한 민족의식을 바탕으로 한 조국통일관이 이 길로 가게 할 것이다.

---

*위 글은 내 저서 「통일의 날이 참다운 광복의 날이다」(솔문 2010년)에서 발췌하고 보완한 것임.

고리 공화국(Corea Republic) 통일방안

'고리(Corea)공화국' 통일방안은 6.15남북공동선언에서 합의한 바에 기준해 연합방기-연방기-통일을 이루는 3단계 방안이다. 특히 통일로 가는 길에서 남과 북이 함께 사용할 수 있는 통일국호 고리(Corea)를 소개 하고 그 제안 배경을 '통일과정에서 써야 할 국호, 국기, 국가'에 기술했다.

*(「통일의 날이 참다운 광복의 날이다」, 오인동,솔문, 2010)

1) Corea 3단계 통일방안

*제1단계–Corea연합방 (Confederation of Corea)

남과 북 정부의 통일방안은 지역자치정부제도를 포함 하고 있다. 이점을 시발로 2 나라, 2 제도, 2 정부의 시기를 제1단계로 설정할 수 있다.

6.15선언 제 2항에서 남측 방안의 연합제와 북측의 낮은 단계 연방제의 공통성을 인정한 바 이를 새 합성용어 '연합방' 이라고 하자. 고로 교류 · 협력 · 왕래하는 남북관계에 구속력을 주는 '남북연합방제'를 제도화 한다. 이왕이면 한 나라 통일로 가고 있다는 겨레의 의지를 살려서 한 국가, 두 제도(또는 체제), 두 정부의 한 나라 'Corea 연합방'(Confederation of Corea)이라고 이름하자. 연합방 틀에서 남북경제공동체운영을 하며 남북 사이의 정치 · 사회 · 문화적 교류를 실행해 가며 제2단계 진입을 준비 한다.

*제2단계-Corea 연방공화국(Federal Republic of Corea)

남측 방안대로라면 2체제, 2정부의 연합시기에서 바로 완전통일을 이루어야 하는데 이것은 성급하고 무리한 발상이다.

반면 북측 방안은 1국가, 2제도, 2정부의 연방창립을 주장했지만 이는 완전통일이 아니다. 완전통일을 이루려면 우선 외교와 국방은 하나로 하는 연방기를 거치는 것이 바람직하다.

즉 1국가, 2정부의 시기를 2단계 'Corea 연방공화국'으로 하자. 이 연방기에서는 남과 북에서 같은 수의 대표가 선출되어 연방 의회와 연방 각료회의를 구성하여 제반 사항을 결의 · 집행하고 완전통일을 이루는 제3단계 진입을 준비한다.

*제3단계 - 고리공화국(Corea Republic)

제도적 통일은 후세에 맡기자는 북측 방안이 바로 이 통일기이며 이는 남의 민족공동체 방안과 김대중 방안의 제3단계인 1국가, 1정부의 완전통일을 이루는 것이다. 제3단계 통일기는 통일헌법에 따라 완전통일을 이루는 '고리공화국'이 되는 것이다.

2) 연합, 연방, 공화국의 의의

서구적 용어 개념으로 연합(Confederation)은 각 나라가 자율권을 행사 하지만 어떤 목적 하에 연합하는 것으로 러시아의 독립국가연합이 한 예이다. 연방(Federation)은 중앙정부의 제도 아래 여러 지역자치정부가 제한된 권한을 행사하는 형태로 미국(United States of America)이 그 예이다.

북이 제안한 '고려민주연방공화국' 창립방안은 영어로 'Democratic Confederation of Koryo' 즉 서구식 용어로 '연합'이지만 우리 말로 '연방'이라고 표기하고 있다.

여기서 북이 말하는 하나의 연방공화국은 2제도 · 2자치정부이지만 외교와 국방은 하나로 하는 독특한 연방제이다. 북이 연방을 Confederation으로 쓴 이유에 대한 문의에 북의 한 관료가

사적으로 답해 왔다.

{'Federation' 이라 하지 않고 'Confederation'이라고 연방제를 영어로 표기한 이유는 우리 말로 어느 것이 연합이고 어느 것이 연방인가를 따지기 전에 영어로 표기함에 있어서 우리 말 대역보다는 영어자체의 의미, 영어를 사용하는 사람들의 입장에서 정한 것이다.

'Federal'이 신뢰, 믿음이라는 기본 뜻으로부터 조약이나 협정, 합의에 의하여 서로 다른 국가들 사이에 이룬 연합의 형태 즉 연방을 의미한다는 것은 우리도 알고 있다. 그런데 하필 'con'을 붙인 것은《함께, 같이》라는 뜻이 있어서였다.

북과 남이 함께, 공동으로, 동등한 자격의 의미로 북에서 쓰는 영어 표기 'Confederation'이라는 단어를 쓰자고 했다.

영어표기는 어디까지나 영어를 사용하는 사람들의 이해를 위한 것이며 그들의 입장에서 생각한 것이다. 또한 우리 말로 먼저 생각하고 후에 영어로 표기하는 과정에 그냥 대역에 기계적으로 맞춘 것이 아니라 의미를 신중히 검토해서 생각해 낸 함께, 동등하게 한다는 의미를 강조한 것이다.

북에서는 'Federation'이나 'Confederation'이나 다 연방이라고 생각하며 다만 후자에 함께, 공동으로라는 의미를 강조한 것인데 함께 공동으로 하는 연방을 연합이라고 단정하는 것은 좀 숙

고해야 할 문제라고 생각한다.}

제1단계에서는 '연합방(Confederation)'이라 쓰고 외교와 국방을 하나로 하는 한 나라라는 'Federation(연방)' 을 제2단계에 쓰자.

공화국(Republic) 이라는 명칭은 남과 북의 국호에서 비롯한다. 남은 민주공화국을 대한민국(Republic of Korea)으로 사용하고 북은 조선민주주의를 인민 공화국 (Democratic People's Republic of Korea)으로 사용한다.

남과 북이 다 같이 공화국이니 통일을 이루려는 나라를 '공화국'으로 쓰는데 주저할 이유는 없다. 그리하여 하나의 나라가 되고자 하는 연방(Federal)이라는 단어와 공화국 (Republic)을 택해 '연방공화국', 즉 'Federal Republic' 이라고 표기할 수 있다. 재 3단계에는 완전 통일을 이룬다는 뜻에서 고리공화국 (Corea Republic)으로 쓰거나, 민족 성원이 새로운 국호를 정하고 새로운 국체의 나라이름을 사용할 수도 있을 것이다.

3) 연합방-연방기의 남북정부

제1단계인 '남북 연합방'을 선포한 뒤에는 남과 북이 유엔에 각기 대표를 두지만 투표는 양측이 일치제 즉, 어느 안건에 남북이 모두 찬성하거나 반대 할 때는 그 결정대로 1표로 투표하지만 의견이 불일치 할 때는 기권을 택하는 방식을 택해 볼만하다.

제2단계 연방기에서 외교는 중앙정부의 결정 하에 민족이익에 맞게 대외적으로 행사 한다. 여기서 국제기구 가입이나 해외공관을 일원화해야 할 것이다.

외교권이 단일화된 이상 대외적으로는 한 사람의 지도자가 나서야 할 것이며, 남과 북의 지도자가 연방의회에서 선출되어 1년의 임기로 남북이 번갈아 가며 'Corea 연방공화국'을 대표 할 수 있을 것이다.

연방공화국의 대표는 대통령으로, 남북자치정부의 대표는 수반으로 부를 수도 있을 것이다. 연방의회, 연방각료회의는 민족공동체 발전을 위한 결정을 하고 실행해 나간다.

연방기에는 지역정부의 군사권이 중앙정부로 이관되어 '고리(Corea)연방군'으로 통합 되어야 할 것이다.

4) 연방기의 의회와 각료회의

제2단계에서는 연방의회를 남과 북에서 선출된 35명 정도씩의 대표로 구성한다. 해외동포의 연방의회 참여가 고려될 수 있으며, 해외동포자문회의를 둘 수도 있다.

연방의회에서의 결의는 전원 일치제로 해야 할 것이며 연방의원의 임기는 5년 정도가 좋을 것이다.

연방의회에서 외교, 군사문제들을 토의 · 결의하고 이를 시행하기 위해서 남북이 각기 10명 정도의 각료로 연방각료회의를 구성해야 할 것이다.

각료회의의 협의사항은 연방의회가 승인하고 두 수반이 심의해서 수용여부를 결정한다. 이때 두 수반은 안건에 대한 거부권을 가질 수 있어야 한다. 각료회의에 각종 해당분야의 전문연방위원회를 두어 협의하고 집행하도록 한다.

연방의회의 권한은 민족공동체 이해에 관계되는 사항이나 대내외적으로 통일된 정책이 필요한 외교, 국방, 연방예산, 해외경제관계 등으로 제한해야 할 것이다.

제2단계 후반에 통일헌법을 제정한다. 그 뒤 남북 간 대표자수의 문제가 나올 수도 있다. 겨레의 앞날을 결정하는 투표방식도 고려해야 한다. 통일헌법에 따라 성립될 통일국가의 성격이나 형태는 남북대표자들이 남북 주민들의 염원에 부합해서 결의해야 할 것이다.

5) 자주평화 민족대단결의 통일국가

'고리-Corea'

이러한 '고리공화국(Corea Republic)' 통일방안은 남북 간의 대화 협상과정을 제 1단계인 연합방기부터 제도의 틀에 묶어놓고 그 속에서 여러 협의사항을 추진하자는 적극적 자세이다.

이런 방안의 실현으로 분단구조를 종식하고 앞으로는 오직 민족공동체 이익에 바탕을 둔 새 역사를 시작해 보자는 것이다. 그러한 소통과 공감 속에 민족 대사면, 대단결의 정신으로 우리가 원하는 통일을 자주적으로 또 평화적인 방법으로 이루어 나가야 할 것이다.

---

* 나라 이름 高麗는 원래 추모가 건국한 高句麗가 423년(장수왕 11년) 무렵 국호를 高麗로 바꾸고 427년에 평양으로 천도했다. 국호가 高麗로 바뀐 고구려는 668년에 멸망했다. 918년 왕건이 세운 나라도 高麗 를 계승해서 쓴 것이다. 이 高麗는 우리말로는 당시에 '고리'로 발음했다는 사료와 여러 보조자료가 있다. 로마자 표기에도 Core, Corie, Cory 등으로 표기된 것들이 있는 것으로 보아 우리 선조의 두 왕조 高麗의 당시 발음은 '고리' 였다고 본다.(「Corea꼬레아, Korea코리아」 -서양인이 부른 우리나라 국호의 역사- 오인동, 책과함께, 2008, 57-66쪽, Corea 표기의 어원 '高麗'의 원래 발음은 무엇이었나)

---

*위 글은 내 저서 「통일의 날이 참다운 광복의 날이다」(솔문 2010년)에서 발췌하고 보완한 것임.

밖에서 그려보는 통일의 꿈 _남북연합방

지은이 _오인동
발행인 _노승택
발행처 _도서출판 다트앤
제1판 1쇄 펴낸날 _2013년 9월 10일

서울시 종로구 익선동 34. 비즈웰 오피스텔 621호
TEL 02 582 3696 FAX 02 522 2185
출판등록 1998년 9월 15일 제22-1421호

값 10,000원

ISBN 978-89-6070-105-2 *93340

「이 도서의 국립중앙도서관 출판시도서목록(CIP)은 서지정보유통지원시스템 홈페이지(http://seoji.nl.go.kr)와 국가자료공동목록시스템(http://www.nl.go.kr/kolisnet)에서 이용하실 수 있습니다.(CIP제어번호: CIP2013017270)」